국보문학 동인 문집 제7호

내 마음의 숲

http://cafe.daum.net/lsh19577
http://www.kukbomunhak.co.kr

발간사

신록이 주는 아름다움은 중년이 된 우리에게 자신의 젊은 날을 뒤돌아보게 합니다.

더구나 사람에게 가장 편안함을 안겨주는 색이 초록이라고 하니, 봄은 어쩌면 우리에게 능동적인 삶을 살아가라는 계절인지도 모릅니다.

세월이 참 빠르다는 생각이 듭니다. 국보문학에서 가장 자랑스럽게 생각하는 동인문집 첫 호를 발행한 게 엊그제 같은데, 벌써 3년이란 시간이 흘러 제7호 '내 마음의 숲' 발간사를 쓰고 있다니, 감개가 무량할 뿐입니다.

이 모든 게 회원 여러분들의 진심어린 마음으로, 자기 일처럼 앞장 서 참여를 하였기에 가능하였다고 생각이 됩니다. 진심으로 감사를 드립니다.

앞으로도 일 년에 봄, 가을 두 번 발행하는 동인문집 "내 마음의 숲"을 계속 발간하리라 약속드리면서, 바쁘신 중에도 동인문집에 참여하신 최재복 상임고문과 김용오 자문위원 그리고 함께 한 회원 여러분, 무거운 책무를 맡아 한 달 동안 노고를 아끼지 않은 김미옥 동인문집 추진위원장, 이기은 편집국장 등 관계자 여러분에게도 머리 숙여 감사를 드립니다.

국보문학 카페지기 시인·수필가 임수홍

|축사|

제7호 동인문집 원고 모집을 마감하던 날, 온몸의 힘이 혈류를 타고 스르르 빠져나갑니다. 힘없이 내려오는 눈꺼풀을 이기지 못하고 오수(午睡)에 빠졌습니다. 얼마나 곤히 잤을까? 어느새 커튼 사이로 불빛이 새어들어 옵니다. 와사등이 골목을 밝히도록 긴 잠을 잤나 봅니다.

아무런 기별도 없이 갑자기 "동인문집 추진위원장"을 맡아달라는 전갈을 받고 고민에 빠졌습니다. 더구나 "김미옥의 세상사는 이야기"와 맞물려 시작된 중책이었기에 부담이 되었습니다. 동인문집의 추진위원장을 맡아 잘 이끌어갈 적임자도 아니었거니와 내가 맡은 일이라면 무슨 일이든 대충 넘어가지 못하는 타고난 성격 탓에 아무리 생각해 봐도 '네'라고 쉽게 대답을 할 수 없었습니다, 그러나 강한 부정은 강한 긍정이라던가요? 목소리 한번 높여보지도 못하고 '아니오.'라는 말은 '네, 순종하겠습니다.'로 변했습니다.

마음을 고쳐먹고 국보의 자랑인 동인문집 "내 마음의 숲"이 아름답게 세상에 나오기를 꿈꾸며 무딘 호미를 들고 '내 마음의 숲' 밭고랑을 일구고 군불을 지펴 기다림의 작은 씨앗 하나 심었습니다. 숲길을 오가며 들여다보는 국보가족님들의 애정 어린 손길은 사부작사부작 그리움을 심어놓고, 장독대 뒤에 숨어 있던 옛 이야기도 데려다 물을 주고 가꾸었습니다. 목련이 벙그러질 때 나들이 나온 첫사랑 이야기는 호젓한 숲길에 생기를 불어 넣어 주어 무성한 숲을 만들었습니다. 그리곤 주렁주렁 아름다운 열매가 맺었습니다.

제7호 동인문집 "내 마음의 숲"이 세상에 나올 수 있도록 글에 마음을 담고 사랑을 담아 작품을 보내 주신 국보 동인님! 작품은 제출하지 않으셨어도 원고마감을 하기까지 함께 해 주시고 보이지 않는 손길로 말없는 도움을 주신 국보 가족님들께 무한한 감사를 드립니다. 그리고 마지막까지 몸을 아끼지 않으셨던 국보 임수홍 발행인님, 추진 위원님, 그리고 이기은 편집국장님 수고하셨습니다. 꿈속에서조차 동인지 참여를 권유하며 메일과 쪽지를 보내며 지냈던, 결코 짧지 않았던 지난 사십일이 벌써 그리워집니다.

문학은 어둠에서 밝음을 보여주는 삶의 희망이요, 아름다운 노래입니다. 드러내지 않고 나를 키우고, 이웃을 키우고, 사회를 키워나가는 문학의 진원지가 우리 국보 문학이 되어 "내 마음의 숲"도 해가 거듭할수록 더 푸르고 꽉 찬 아름다운 숲이 되기를 기원합니다.

제7호 동인문집 "내 마음의 숲" 출간을 다시 한 번 축하하며 가락을 담은 고운 시향을 보듬고 태어난 동인문집이 가다가 넘어지는 일 없이 쉬지 않고 거침없이 달려가기를 바람하며, 동인지 발간이 100호, 200호 되는 날, 우리 다 함께 덩실덩실 춤을 춥시다. 우리 다 함께 "내 마음의 숲"에 메아리가 울리도록 힘차게 노래를 부릅시다.

동인문집 추진위원장 김미옥

내 마음의 숲에 씨앗을 심고

김미옥

가만가만 다가오는 봄의 소리가
콩닥콩닥 가슴을 뛰게 하던 날
우리는 마음의 무성한 숲을 키우고자
한 알의 작은 씨앗을 뿌렸습니다.

동녘 하늘을 물들이며 다가오는 여명
온기 머금은 훈훈함으로 대지의 자양분이 되어
작은 씨앗은 싹을 틔우고 가지를 뻗어
무성한 잎을 만들었습니다.

새하얀 목련이 보드라운 속살을 보이던 사월
오랜 산고를 이겨내고 태어난 동인의 사랑
정갈한 마음으로 금줄을 칩니다.
가슴으로 보듬어 보는 내 마음의 숲에….

|차례|

| 특선시 1 |

무단가출

최재복

초가을 도타운 햇살 등에 업고 짧게 디리우는 내 그림자 하나 앞세우고 무작정 집을 나섰다.
얼마나 먼 길을 왔을까?
마침내 도시 풍경이 끝나고 과수원들이 울타리를 치기 시작하는 길목에 머물게 된다.
짤막했던 그림자가 길게 늘어져 있는 것으로 보아 꽤 먼 거리를 걸어왔나 본데 왜 예까지 힘들게 걸어서 왔는지 이 행보의 끝은 과연 어디까지인지 그저 막연할 따름인데, 지금은 데불고 갈 그림자마저 사부러지고 없는 처지인 내 하루의 무단가출이다. 쓴 웃음 지으며 서녘 하늘을 바라보니 씻은 듯이 맑은 얼굴을 한 초승달이 빙그레 미소 지으며 신선한 바람 결에 흔들리며 은하를 향해 가고 있었다.

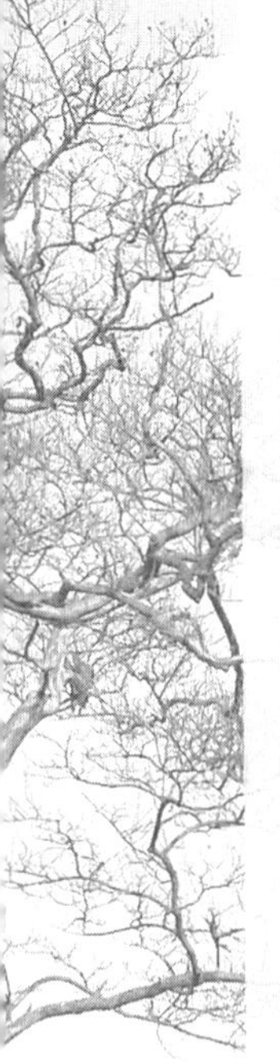

여름날

한 달 가뭄
긴 하일(夏日)
땡볕

좁은 내 영토의 꽃밭
맨드라미 봉선화도
지쳐 숨죽었다

갑작스런 이웃집 초상
사그라지는 상주의 곡성
그 민망한 심사 일만도 하다만

어디선가 들려오는
아우성 소리
프로야구 중계소리

최재복
동국대 국문학과 졸업
서울문인클럽 회장
사) 한국예총 김포지구 고문
월간 조선문학 前발행인
국보문학 상임고문
수상 – 한국현대시인상, 동국문학인상

| 특선시 2 |

남남북녀 이야기

김용오

때는 어느 여름날 저녁, 장소는 모처럼 가족들이 빙 둘러 앉은 평화로운 밥상머리, 한창 여드름 꽃이 피기 시작하는 큰 아들놈의 얼굴을 유심히 바라보다가 언뜻 지나가는 말투로 내 며느리는 북쪽 여자를 얻으면 얼마나 좋을까 그런 날이 빨리 왔으면 얼마나 좋을까 하며 가족들의 표정을 살펴보았지만 요 며칠 사이 지나친 과음 탓으로 정신이 어떻게 되어버린 게 아니냐는 듯이 이상한 눈빛을 던지며 갑자기 술렁거리기 시작하는 것이었습니다. 나는 어쩔 수 없이 벼랑 끝에 내몰린 아득한 심정으로 진짜 입에 거품을 물고는 아버지의 아버지의 아버지의 아버지의 핏줄 속을 흘러 내려오는 이야기, 남자는 남쪽 남자가 여자는 북쪽 여자가 으뜸가는 한반도의 천생연분이라고 불쑥 엄지손가락을 들어 보이면서 그럴싸하게 변명을 늘어놓았습니다만 여전히 가족들은 히죽히죽 웃기만 하고 큰 아들놈은 죄 없는 밥그릇만 다 비우고는 잔뜩 부은 얼굴로 밖으로 나가버리는 것이었습니다. 그런 사건이 발생한 뒤로는 나 혼자 아파트 7층 베란다에 나가 하염없이 쳐다본 밤하늘 분단 없이 옹기종기 모여 사는 별들이 그렇게 부러울 수가 없는 것이었습니다. 그리고 나는 왠지 자꾸만 억울하고 분하고 슬퍼져서 견딜 수가 없어지는 것이었습니다.

시인 모독-6

시인들에게 지금 몇 살이냐고 묻는 것만큼 어리석고 치욕적인 질문은 없다. 나는 그런 질문을 받을 때마다 선문답식의 답변을 한다. 왜냐하면 시인들은 나이가 없기 때문이다. 다르게 진술하면 시인들은 나이를 먹지 않을 뿐만 아니라 영원한 동심으로 살아야할 운명적인 존재이기 때문이다.

김용오

월간 시문학 등단

시문학상, 현대시인상, 국보문학 대상 수상

(현)한국현대시인협회 부이사장, 국보문학 자문위원

저서 – '신의 수염', '동화작용', 멀티 오르가즘', '사부곡'

詩 · I
Poem

이기은 김수일
김순선 권미소
김미옥 서동안
김정덕 김인수
김용복 양태영

굴뚝이 그리운 굴뚝새

이 기 은

동장군의 걸음이 거칠기 그지없어
어둠마저 꽁꽁 얼어붙은
동지섣달 긴 긴 밤
온기 찾아 베란다로 날아든 새 한 마리
작은 몸 웅크릴 공간 있어
할딱이는 숨소리에도 생기가 돈다.
그리 멀지 않은 어제엔
추녀 돌아가며 굴뚝들이 있어
고추보다 매운 겨울도
무덤덤한 가슴으로 포근하게 보냈건만
어느 날인가 잿빛 이엉 걷어내더니
차가운 콘크리트 성곽만 남아
온기 찾아 헤매는 굴뚝새
얼어붙은 밤이면 굴뚝이 그리워
숨죽인 애달픈 울음

조개구이

좁디좁은 수족관 늙은 해초의 가슴에
바다 속 이야기 다 게워내고
곰방대 문 이 빠진 할아버지 입술처럼
오물오물 뻐끔 거리며
짠 물 속에 싱거운 시간들을 풀어놓던 조개들이
격자무늬 석쇠위에서 말문을 닫았다.
피나게 앙다문 입술
길지 않은 생 해뜰녘 박꽃 닮아
해탈을 꿈꾸는 듯 원망스런 눈길 접으며
숯불을 껴안고 거품을 토한다.
거품이 남긴 속뜻을 알리 없는 말간 소주 한 잔
해묵은 상처투성이
거친 사내의 가슴속에서 앙탈부리며
조(躁) 울(鬱)의 경계를 넘나들다가
뜨거운 숯의 열기를 온몸으로 보듬은
뽀얀 나신을 만나 저들만의 언어로
생을 이야기 하지만
삶의 운치를 잃어버린 젓가락 끝에선
하얗게 부서진 바다가 운다.

저기 저 강가에 서서

침묵하며 흐르는 물안개 속
어렴풋한 그대 고운 자태로
아픈 그리움 달랠 수 있다면
하루쯤은 강 언덕에 머물며
물비늘 같은 마음 누이고 싶다.

흐르는 물줄기 되돌려 놓고
먼지쌓인날 추억 할 수 있다면
이별의 그 순간 끄집어내어
시골뜨기 순박한 마음으로
차고 넘치던 사랑 되찾고 싶다.

산 그림자 짙게 드리워져
강물에 점점이 별 빛 내려 앉을 때
세월에 찌든 마음 바람으로 헹궈
하얀 아침이 잠 깰 때 까지
그리운 사람 기다리고 싶다.

이기은 ································

경북 포항 출생/현 경기 김포 거주
國家技術자격 25개 보유, 空調 冷凍機械 技術士, 가스 技術士
서정문학상 본상(2008) 수상
한국국보문인협회 문학연구소장
공저 – 내 마음의 숲(6집) 外 30여권 작품 수록
詩集 자귀나무 향기1, 자귀나무 향기2

향수의 그리움

金 順 善

고향을 가슴에 품고 살았네
잊을 수 없어 밤마다 꿈길따라 찾아가네
탯줄 끊어 묻어두고 떠나온 고향 못 잊어
가슴에 사무치는 그리움
등 뒤에 머문 유정천리 내 고향아

유년 속에 묻힌 그리움
세월 속에 서리꽃 피어도 현실인냥
눈가에 펼쳐진 고향 정겨움만 가득하네

고향을 등에 지고 바람 따라 떠났던가
산허리 굽이굽이 돌고 돌아 찾아갔건만
아는 이 아무도 없고 바람만 온몸을 휘감아
애무하고

검은머리 청춘 타향 길 걷다보니
잔뼈 굵어지고 어느새 검은 머리엔
서리꽃 수 놓는 세월 되었노라

세월을 파는 노모

깊은 골짜기 세월에다 인생을 엮고 살아가시는 노모
손은 후미진 산속 가시덤불에 갈래갈래 찢겨진 모습이
현실을 서글프게 하고

오늘도 그렇게 찬바람을 휘감아 보듬고
강원도 광딕리 등바루 고갯길 위에서
세월의 삶을 팔고 계시는 노모가 계신다

생각지도 못했는데
사십 년 세월이 훌쩍 고랑을 타고
지난 오늘에서야 그렇게 광덕리 등마루 고개에서
친구에 엄마를 뵙게 되어 얼마나 반갑던지 친구에
엄마를 꼬옥 끌어안고 잠시

친정
엄마 생각에 목이 메여
한참을 두 손 꼬옥 잡은 채
할 말을 잃고 시간 속으로 흘려보내며 서 있던 나

무거운 마음 어쩌지 못해 어머니 오래오래
건강하세요, 란 말을 건네며 돌아서선 가슴을
훑어 내리는 중년의 마음 아픔으로 젖어든다

뮤지컬 진짜진짜 좋아해

모녀가
부자만 남겨둔 채 서울행을
향하는 외출 길 너무 행복한 어미

빌딩으로 숲을 이룬 서울
역시 부자동네 은행만 눈에 띄고
답답해 가슴이 숨막혀오는 서울의 빌딩숲을
두 모녀가 데이트하며 즐거운 한때를 즐겨본다

딸이 뮤지컬 진짜진짜 좋아해
예매표를 A좌석으로 구입해 뒀다며
'엄마 토요일 시간 좀 비워두세요' 한다

딸이 엄마를 자주 문화공간으로
이끌어준다

박해미님 외 많은 뮤지컬 배우들이 이끌어가며
관객들을 즐거움으로 선사하는 연극무대
공간 속으로 어우러져본 하루
아~ 정말 즐거웠고 기분이 업 되어 활력소가
충전되어 요즘 젊은 층에 사용되는 용어중 짱 이란 말을
실감나게 한다

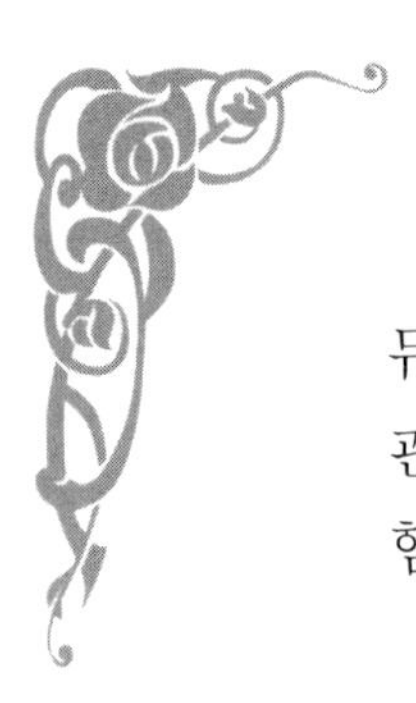

뮤지컬 배우님들 너무도 잘 하시고 천여 명이 넘는
관객들 마음을 감동에 도가니로 동행하게 하는
힘이 대단했다

박해미님 하고 악수까지 한 기분
정말정말 좋았다
딸 덕분에 오늘 본 뮤지컬은 신났고 재미있고
즐거웠던 하루

김순선 ....
시/수필 등단
이제야 알았어요/작사김순선/작곡 김성봉 노래
먼 훗날 행복을 위해/작사김순선/작곡 박현노래
한국문인협회 회원
한국국보문인협회 이사 / 현) 편집위원
시집/여자의 눈물속에 행복

세월을 뜨개질하다

김미옥

회색빛 도시를 홀로 지키던
와사등(瓦斯燈)도 잠이 들고
아무런 기척도 없는 새벽
창가에 등 기대고 앉아
한 올 한 올 사랑의 스웨터를 짠다.

또렷한 모습으로 높아져 가는 무늬
미소 지으며 살피는 눈길이 멈추고
작은 진동으로 다가오는 신음,
코를 빠트렸다

머리는 잠시 생각하자 하건만
두 손이 먼저 달려와
재빠르게 줄줄 풀어
축구공처럼 감아놓은 실타래

탱탱하고 보드랍던 자줏빛 털실은
황룡 오일장터 미장원에서
금세 감아 올린 파마 머리칼처럼
뽀글뽀글 설운 흔적을 남겼다

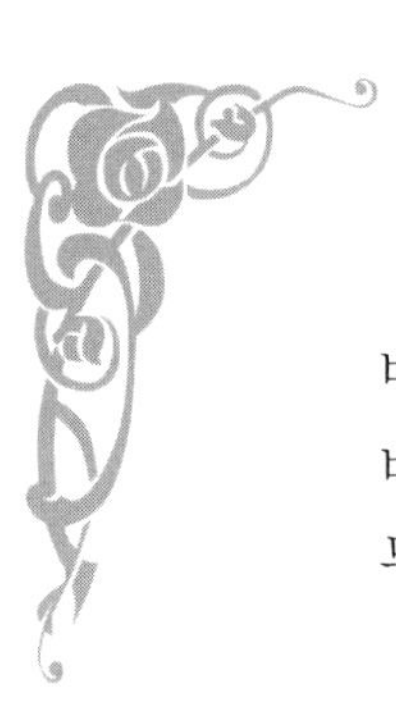

비단결처럼 곱던 살음에 생긴 상흔
버릴 수 없어 보듬어 안고
무딘 손끝으로 매만지며

살아온 세월을 모두 담아
올올이 정성으로 코를 낚아 올린다.
상처 없던 어제를 그리워하며

*황룡은 장성 황룡면의 지명

부치지 못한 편지가 되어도

성근 가슴에 바람 불어
외로움 달래고 싶은 날
당신에게 편지를 쓰렵니다

간짓대 끝에 졸고 있는 그리움
망태에 담아 동아줄로 꽁꽁 묶어 놓고
심장을 유영하다 쏟아져 나온 언어들은
분홍 편지지 위에 내려놓고

차곡차곡 가슴속에 묻어두고
목젖을 삼켜가며 참아야 했던 말들
파아란 하늘 도화지에
잉크로 편지를 쓰렵니다

쓰다가 쓰다가
짜디짠 눈물 한 방울 떨어져
주소가 번지고 이름이 지워져
부치지 못하는 편지가 되어도

또박또박 예쁜 글씨로
세월 흐른 먼 훗날
당신에게 돌아가 전해줄
초록빛 편지를 쓰렵니다

묵은 지 쌈밥

말간 수돗물로 덕지덕지 붙은 그녀의 해묵은 상흔
갈피갈피 헤집어 정갈하게 씻어낸다
시원하게 쏟아지는 물줄기에 씻긴 세월의 흔적
머물던 어제로 돌려보내고
곱게 단장한 그녀 장미향 그윽한 접시에 앉아 작은 식탁에 오른다
모락모락 김이 나는 하얀 쌀밥을 보듬어 안은 채 또 다른 여인을 위해
한마디 지청구도 없이 비좁고 어두운 터널을 천천히 미끄러져 간다
웃음을 머금은 여인의 포만에 젖은 시간 위로
오롯이 피어나는 하얀 행복
하나가 되기 위한 어진 희생, 사랑은 세월을 넘어 또 다른 사랑을
잉태한다

김미옥
2007년 자유문예 시 부문 신인상
2008년 서정문학 수필 부문 신인상
세계모던포엠 작가회원, 시류문학회 회원
한국국보문인협회 광주시 지회장
동인지 : 망초꽃들의 수런거림 외
제 7호 동인문집 추진위원장

어느 騎士에게

귀암 김정덕

번쩍이는 비늘 같은
갑옷의 기사여!
그대 술잔에 텅 비인
허연 고독을 담아
떠나는 검은 요정에 전하고
한없는 지탄의 종소리
울려 주십시오.

지구의 언저리에서
매살한 바람이 일 때마다
내일만이라도
피 흘리지 말며
거만하여 외롭지 마십시오.
젖을 토하며 흐느끼는 절실한
사랑에 통곡하여 보십시오.
누가 있어 그대 마음 한없이
반겨주는가를 한여름 밤
텁텁한 목소리로
대답해 보십시오.

그대에게 피로했던 나는
대지를 방황하는
원색의 고행자(苦行者)
내 풍부한 진리가 더 이상
더럽혀지지 않기 위하여
깊은 생각에 빠져
별안간 떠나야 합니다.
지중해 같은 욕망의 기사여!
사무치는 소리를 듣기 위하여
노을빛으로
붉게 물든 내 몸을
힘찬 가슴으로 안아 보지 못해
언제나 가련한 기사여!
초록빛으로 어리어 넘치는
그리움을 왜 허비지는지 아십니까?

생명의 숨소리를 듣기 위하여
속절없는 마음의 노래를
듣기 위하여 내 뿌연
살점을 덜어내야 합니다.

빈 가지 위에서 몸을 비비지 말고
하얀 눈꽃처럼
가만히 머물러서
끝없는 높이와 깊이로
엄숙하게 내 이름을
불러 보십시오.

열망하는 알몸의 기사여!
그대 가슴 한 조각을 버려둔 채
소리 없는 농부의
마음이 되십시오.
누런 들판을 휘젓는
최후의 포장마차를 탄 기사여!
선뜻 아픔을 안고
별안간 떠나야 합니다.
푸른 영혼으로 하늘을
오르내릴 때까지
어느 곳에나 바람을 남기시리요.

이가 시린 한겨울밤
깊이 빠져 들었던 나비여!
그대의 정갈한 모습을 떠올리면서
전합니다.

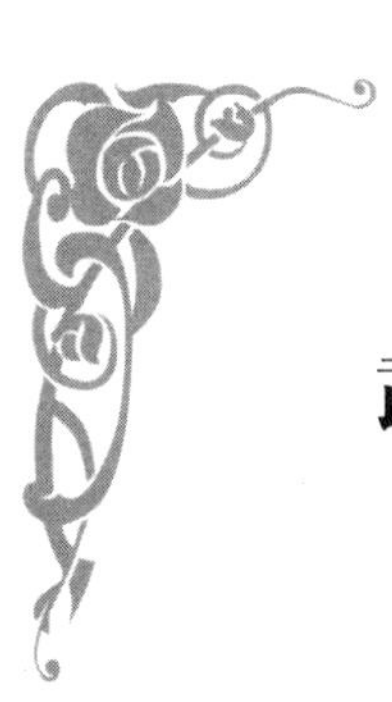

武陵溪谷

박달령 고개 左로는 頭陀山, 右로는 青玉山
頭·青山 줄기 따라 내려치는 박달폭포

飛流直下하는 龍墜瀑布
鳳凰새 마주보는 듯한 雙瀑布

三和寺와 觀音寺사이 학이 날았다는 鶴沼臺
金蘭亭옆 武陵盤石에 발끝을 시리고,

武陵仙源 中臺泉石 頭陀洞天과
金剛山 滿瀑洞 楓嶽 元化洞天 짝하도다.

註 1. 武陵仙源 : 道敎(神仙)思想
2. 中臺泉石 : 儒·佛思想(자연 +인간 =조화)
3. 頭陀洞天: 佛敎思想

丹陽八景

小白山 國望峰을 중심으로 장엄하게 늘어선 봉우리들 가운데
蓮花峰 아래로 펼쳐진 신비로운 산세로 인해 대승영지로 알려진 구인사.
小白山 줄기 따라 左로는 天洞동굴, 右로는 고수동굴.

萬丈의 청단대석이 壁을 이루고, 溪水는 盤石사이를 聳出하여
平平히 흐르다가 좁은 길에 이르러서 폭포가 되니
그 音響은 우레와 같고, 튀는 물방울은 좌우 종횡하여
관광객의 옷깃을 적셔주니
그 즐거운 仙景은 형용하기 어려운 上仙巖!
千刃斷崖 깎아지른 듯 웅장한 사인암

물에 비친 바위의 그림자가 거북이를 닮았다는 구담봉
우뚝 솟은 봉우리가 대나무 순 모양 같다는 옥순봉.

南漢江의 깊고 깨끗한 강물을 가르며 정도전이 청유하던 도담삼봉!
동양 최대의 돌 무지개 석문을 돌아보는 삼봉의 뱃놀이는,
別有絶景非人間이로다.

김정덕 ....

국립공주사대 졸업, 단국대 대학원 졸업
국보문학 시 부문 신인상 수상
한국디지털영상제작협회 회장
한국디지털영상제작국 회장
한국국보문인협회 영상분과 부회장

아버지(父)

무봉 김용복

아름드리 큰 나무처럼
나를 지켜 주신 아버지

버거운 힘 등에 지시고
나를 키워 주신 아버지

지금 떠나 안 계시지만
내 마음에 계신 아버지

-기축년 설날 아침-

겨울 바다

수평선 붉게 물드는 바닷가에서
파도 가장자리 밟으며 휘청거리는
어깨 위의 석양은 그림자 그리고
과거 속으로 그림자 따라 걷는다.

해당화 붉게 피던 젊은 날의 5월
파도 리듬에 어깨를 부딪쳐 걷던
그녀의 웃음소리 파도에 부서지고
그 사랑의 미련 가슴에 남았는데.

가시세운 해당화 가지는 움츠리고
옷깃 세운 나그네 겨울바람 속에
다시는 오지 않을 사랑이 그리워
황혼의 낙조에 얼굴을 붉힙니다.

아내(妻)

무엇이 못마땅할까?
현관 문안 공기가 무겁다.
설거지 그릇 부딪는 소리가
평소 때와 다르다.
폭풍 전야다.

옹기 그릇 같은 아내
저녁밥 짓기가 싫은가 보다.
여보! 우리 외식 할까?
미소 띤 아내는 무엇 먹을까?
식단부터 챙긴다.

하기야 42년간 밥을 했으니
싫을 때도 있겠지.
젊어서 바가지 긁으면
나는 기죽지 않으려
큰소리 뻥뻥 쳤는데.

이제는 내 맘 상하는 것이
손해라 그냥 져준다.
고생한 이야기 창세기부터 계시록 까지
엮어내는 기억력에 감탄한다.
대꾸를 안 하니 제풀에 죽는다.

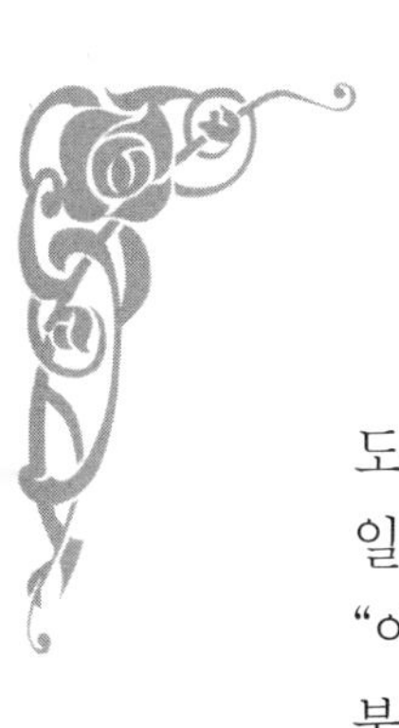

도산 안창호 선생이
일제 식민지하에
"이왕에 버리지 못할 아내(나라)
분칠해서 살자" 라는
말이 생각난다.

김용복 ....
아호 : 무봉(霧峰)
시인, 소설가
중등 교장 정년, 녹조근정훈장 포장
서각초대작가
수원시 테니스 연합회 자문위원
한국국보문인협회 부회장

강가에 가 보았니

화산 김수일

현아!
강가에 가 보았니
햇살 따스한 모래톱
겨우내
기다렸던 함성
파릇한 머리쑥
국수댕이 냉이 달래
파릇파릇
짙은 봄 향기
가슴앓이 그 봄이
피어나고 있어

현아 !
강가에 가 보았니
너와 내가
묻어야했던 전설
그토록
소리치고 싶었던 사랑
물안개 그 밤
비밀한 불덩이 순정
침묵을 잠 깨워
다시금 흐르는 물소리
두고두고
아파야했던 그 봄이
피어나고 있어

연풍 연가(戀歌)

간(大幹)의 줄기
험준한 소백준령 아래
三豊中一地 연풍이라
산 높고 골 깊어
역사 긴 고을 향촌소읍

숨겨 전하는 십승지
비봉(飛鳳) 산천에
천인(千人)이 生 하고
오곡의 씨 구할지라도
아직 큰 인물 없었네

전하는 황후 우혈지
풍수지사가 헤매던 땅
수려함으로 양명한 정기
준령으로 신령한 기상
신선봉 마패봉 이어져
공경산이 드높아라

시대의 소명 필연의 땅
거인(巨人)은 오리니
건아들 키워낼 요람
긴 잠 무명(無名)을 털어
연풍이여!
연풍이여 깨어나라

강물처럼 흐르고 힘쓸 때

어 이!
그거이 금테 둘렀냐
빌어먹을 그게 어디
혼자만 좋자고 하는 일이니
둬두면 쓸쓸한 묵밭
뭐가 그렇게 비싸

뭐라구 !
귀하디귀한 몸
똥밭에 굴러도 보배라고
츠암
벌떡이가 기지개켜다
경련하겠다

죽 떠먹은 자리
한강에 배 지나간다고
어디 표시 날까
인생 한번 피었다 시들면
아 옛날이 그리워도
강물은 마르고 어쩔껀데

기왕에 줄려거든
강물처럼 흐르고 힘쓸 때
혼자 고상한척 해봐야
인생 한번가면 다시 못 와
그렇다니깐 그려 맞어
꾸부러지기 전에

김수일 ································

국보문학 시부문 신인상 수상, 국보문학 창작작품상
제1회 국보문학 방송이벤트 대상 수상
풍수지리학 연구 및 공인중개업 종사
한국국보문인협회 전국지회장대표
예원문학상 대상 수상(2007), 올해의 시인 상 수상(2008)

하얀 그리움

野花 권미소

달빛 미끄러진 가지마다
하얗게 핀 서리 꽃
하늘 끝에 머무는 그리움 찾아
먼 길 떠난 임

별을 꿈꾸며
달을 가슴에 품고
흰 눈 내리듯
소복소복 쌓이는 그리움

파란 하늘에 핀 명주 솜 구름
드넓은 설원의 향기
예쁜 사랑 수놓아
보내온 하얀 편지

한 줌 햇살
한 점 바람으로
꽁꽁 언 그대 손 녹여주며
그림자처럼 동행하고 싶다.

산새도

산골짜기 아담한 토담집
앞마당 개울가
단감나무 한그루
주렁주렁
달콤한 주홍빛 그리움

문풍지 문살 사이로
흐르는 촛불
향긋한 솔잎차 한잔에
첫사랑 수줍던 설렘

통나무 식탁에
마주 앉아
쓱쓱 비벼먹는
새싹 꽃 비빔밥 한 그릇

투박한 질그릇에 담긴
맛깔스런 시골 음식
주인아주머니 인상처럼
정갈하고 푸짐하다

산 너머 하얀 구름은
여정을 즐기며
한가롭게 여유를 부리는데
흘러가는 냇물은
무엇이 그리도 바쁜고

머물다간 나그네가
문풍지에 서툰 붓글씨로
써 내려간 글귀가
가슴에 와 닿는다

찬바람 부는 창밖엔
노랑 은행잎이
뚝
뚝 떨어져
길거리에 뒹굴고

보랏빛 구절초
하얀 웃음으로
흩어지는 숲 속길
그대 향한 그리움
차곡차곡 낙엽처럼 쌓이네,

*산새도: 토담집 카페

바람꽃

바람난 봄바람에
살랑살랑
마른 가지 흔들며
오물오물 옹알이
소생의 길목

메마른 가랑잎 밑으로
율동 하는 봄의 약동
잔설 녹은 자리 더듬어
낙엽 이불 사 알 짝 걷어내며
배시시 웃는 하얀 미소

꽃샘바람 냉기에도
하늘빛 구슬로 치장하며
가녀린 몸짓
떨리는 처녀 가슴 풀어헤친 넌
봄의 전령사, 변산 바람꽃.

권미소 ································

충북 음성 출생, 울산 거주

국보문학 시 부문 등단

국보문학 운영위원

제4집 '내마음의 숲' 동인문집추진위원장

진달래

산마을 서동안

보리밭 이랑에 봄을 캐는 여인
설핏해 붉어지는 그리움
홀로 남을 때
꽃신 신고 오시려면 오시라지

소달구지 타고 오시는지
자전거 꽁무니에 매달려 오시는지
시절이
하 시절인데

이래서야
서방님 오시는 날
연분홍으로 찍은 활동사진
어찌 보여 드릴까

아무래도
진하디 진한 화장 지워 버리고
한라에서 백두까지
불 붙여 놓아야 속이 시원하실까

어르고 달래도
봄에만 고집피우는 두근대는 가슴

새로 집을 지으며

내 살던 옛 집
초가지붕 걷어낸 열여덟에
슬레이트 지붕으로
새마을 노래 맴도는 언저리
오십이 될 때까지 그대로였네

새로 집을 지으며
허물어져 내리는 아릿한 향수
신접살림 꾸렸던 두어 평 남짓한 작은방
아들 녀석 태어 난 터에
벌써 삼십년 수레바퀴 지난 자리

아내는
남편 객지에 보내고
시집살이 그 고통 어찌 보냈을까
보얗게 묻어나는 사연 속에
새로 집을 지었네

이십오 평
이천 칠년 팔월에
아내와 함께

논개

하얀 모시적삼 위로
넘실대는 머릿결까지 사랑스런 여인
붉게 타는 노을에 입술 적시면
님 향한 맑은 영혼
조국의 넋이 되어 활화산으로 타오른 정열

흐르고 흘렀어라
민족의 붉은 비 내리고 내려
압록강으로, 대동강으로
한강으로, 금강으로
두만강으로, 낙동강으로
해묵은 세월 끄집어 낸 남강으로

왜놈들 욕망으로 부글거리는 정수리에
지금도 독도를 자기네 땅이라고 우기는
일본 역사에
논개님이시여!
피로 물들인 청천벽력으로 엄벌하여 주소서

앞으로 영원히 말 못 하도록
일본의 호구에 재갈을 물리게 하여
지구에서 추방하여 주시고
자유로운 영혼 다시 태어나셔서
조국의 꿈이 헛되지 않는 횃불이 되어주소서

호박꽃

햇살 타들어 가는
한나절

꽃은

주먹만 한 호박을 남기고
선뜻 길을 비켜준다

그리움만큼
이슬에 세수하고
떠났듯이

꿀벌은
남의 속도 모르고.....

능소화

달빛 지는 밤마다
기다림에 지쳐
화관 쓰고 잠이 들면
화촉동방에
님 드셨는가

한 송이
꽃으로는
아니 되기에
줄기마다
꽃으로 맺힌 한이여

오늘밤 정녕
내 목숨 다하거든
담 너머
님 마중 갈 수 있도록
담 아래 묻어주세요

밤새우는 소쩍새 피 토하거든
열두 폭 치맛자락에
줄줄이 주황색 울음 적어
구중궁궐 처마 끝에
등불로나 켜주세요

어머니의 실비

보리밭 이랑에
실비
내려앉는다

어머님 눈물보다
옅은 색깔로
시퍼렇게 멍이 든 하늘

보리밭 이랑에
어머니의 실비
아무도 본 사람 없다

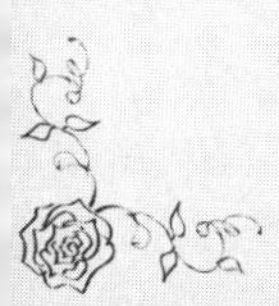

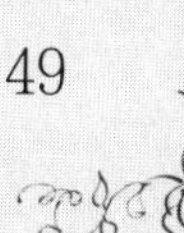

그 날이 아니기를

그 날이
그 날이었다
하얗게 표백된 얼룩
천천히 타 들어가는
말갛게 돋아나는 목숨 줄기

셈으로 계산되는 그 날
다름으로 인식하는
꼬리표 달아 도착하는 수하물
혼자 산다는 것

말끝마다
나만 옳다고 가출한 열정
적절하게 포위망 좁혀
주체성을 저울추에 매 달기까지
그런 날들이

가끔씩 주제넘게
헌법의 논리로 기어드는 양심
수없이 많음을
재단사의 가위 끝에 맡겨 놓은
그 날이 아니기를

잡초와 난 사이

마당에 잡초 한 포기
뽑아내면
다른 잡초가
하혈을 하며 서성거린다

날마다
자라나는 언어의 유희 속
아주 드물게
민들레꽃도 보였다

어떤 농부는
민들레가 잡초라고
완강하게 거부하는
난을 키우기도 했다

잡초라는
넓은 관용어를 앞 세워
어리석은 택배는
수취인 불명으로 돌아와

그 자리에
지혈하는
허무를 잘라내고 있었다

전당포에 맡겨둔 인생

마른 풀잎사이
고개 내민 제비꽃
빌린 세월 뒤집어쓰고
헐렁거리며 달려온 인생
흙 묻은 구둣발로
마구 뛰어온 오십오 년

낡은 구두굽이
닳은 높이만큼
절름거리고
허락 받지 못하고 울타리에 쪼그려 앉아
거꾸로 가는 세월 질타하는
노란 개나리에 날갯짓 하는 배추 흰 나비

헐거운 거미줄에 얽혀
헤어 나오지 못한 청춘
아들이 사준 신사복
흙탕물 튀겨
구름은 비가 되어
물들어 가고 있었다

그렇게
전당포에 맡겨둔 인생
유행가 젓가락 장단에 맞춰
잃어버릴지 모르는 비밀
동전 몇 닢 주머니에 쑤셔 넣고
땅만 바라보며 찾으러 가고 있었다

낮 닭 울음

산마을
낮 닭 울음

멀리
신작로 지나며

연둣빛에
냉이 꽃 피는 해거름

할머니 머리에 인
오일장 보따리

할아버지 저녁상 늦을까
지팡이가 바쁘다

서동안
전북 장수 계북 출생, 문예사조 등단
동강문학 회원, 서정문학 회원
김삿갓 시인대회 운영위원
시와 수상문학 회원, 진안 문협 회원
한국국보문인협회 전북지회장

수요일 5제 행시

김 인 수

1. 공부 좀 할 걸

수학이 어려워도 공부 좀 할 걸
요즈음 공학 문제에 접하면 그런 생각이 들어
일자무식 아닌 게 그나마 다행 이지만

2. 그녀에게

수요일엔 그녀에게 빨간 장미를 한 아름 안겨주리
요조숙녀인 그녀의 이마에 잔주름이 서글퍼서 말이야
일편단심 내 마음 전하면 아마도 웃을지 몰라

3. 세월 가면

수심에 찬 하루도 그렁저렁 지났어
요는 기뻐도 서글퍼도 지나면 잊을 수 있다는 거
일부러 가슴 치며 슬퍼하는 일 없었으면 좋겠어

4. 개화

수려한 외모를 뽐내며 화분에 물 오른 꽃 한 송이 보렴
요술을 부린 듯이 하룻밤 새 화장을 했군
일취월장 국보문인 가슴에도 문학이 꽃 되어 피어나네

5. 주문

수리수리 주문을 외우고 나면 희한한 모습이 벌어진다
요모조모 뜯어보면 눈속임을 금세 알 수 있어
일보일보 가는 발걸음에도 주문 한 번 걸어 볼까나

삼일절

기미년 잊지마세 만세소리 생각하세
천지간 국민모두 떨치고 일어난날
애국가 멀리퍼져 태극기 흩날릴때
왜구의 칼앞에서 승리한 우리역사

치욕의 삼십육년 용기낸 삼월일일
기어이 그들앞에 내모습 보였더라
내아이 아는가몰라 올려본 시조한편
보고도 느끼지못할 현실이 아쉽다

청홍백 어우러진 태극기 내어걸고
국민된 자긍심을 누리에 알려보자
얼룩진 건곤감리 그마져 영광이라
스러진 선조님들의 뜻을깊이 새긴다

정자에 앉아서

길을 스쳐가던 겨울이
정자에 앉아서 쉬는 동안
차례를 기다리며
서 있는 봄이
헐벗은 몸으로 떨고 있다

차례로 오가는 사계절처럼
사람의 일상도 어쩜
춘
하
추
동
오고 가는 순환의 연속이다
그냥
기다린다

김인수
한비문학 시부문 신인상 수상
현대시선 수필 등단
한비문학 작가회 회원, 대한문인협회 회원
국보문학 운영위원, 한국국보문인협회 이사
공저 – 시인의 정원, 내 마음의 숲

일 출

晶石/梁太榮

물씬 봄의 향취가 감미롭게
수평선 저 끝에 발갛게 채색된
하늘과 바다
또 구름사이로
접시 위에 올라앉은 한 개의 홍옥처럼
붉은 태양이 조심스레이
떠오른 하루가 열리고
마음이 열리는 이 아침
번영의 제주섬은 솟아오른 태양처럼
끝없이 타오른다
오늘도
내일도
그리고 먼 후일까지도.....

어머니

어둡고 긴 폭풍이 밤을
침묵으로 밝히우고
이제 또 여명을 맞는 오늘
그 험한 세파에도
묵묵히 외면할 줄 아는 당신
인간도 따르지 못하는
인고의 꿈을 머금고
여명에 번득이는 굽이 사이로
세월에 시달린 잔주름이 아프다
말을 할 순 없어도
하늘을 열 수 없어도
항상 미소로움은
내 깊음이 무한함을 말해주고
천 년을 하루같이 살면서
침묵할 줄 아는 당신이기에
이렇게도 부러운가 보다

벗(朋友)

나의 벗은 삼라만상 자연
달과 함께 그리움 얻고
별과 함께 새로움 얻고
꽃과 함께 새 생명 얻으며
초목과 함께 새싹 피우고
벌 나비와 함께 춤추며 산다네.
변하지 않는 돌에 글 세기고
좋은 느낌은 언어로 남기면서
한세상 더불어 살아간다네.
모진 겨울 찬바람 불어와도
따스한 봄 화사한 햇살 기다리며
언제나 벗들과 함께
한세상 노래하며 살아간다네.

북극성

별!
그대가 선 자리가 영원하지 않은가?
수천 년이 지난 오늘도 변한것이 없구나

별!
바람이 부나 눈비가 오나 영원한 너는
우리의 갈 길을 알려주는 이정표.

별!
우리 생존을 위한 영원한 길은 없는가?
우리는 굳은 자리를 원한다

별!
우리는 너의 굳은 신념과 곧음을 보았노라
영원불멸의 빛과 위치
변치않고 흔들림이 없는 고수정신을……

어떤방랑

떠나는 자들은 어디서나 만난다
깊은 밤에 내가
모든 길을 잃은 방랑자가 되어
누가 켜 놓았는지조차 알 수 없는
머언 산녘에 불빛을 찾는다 해도
그것은, 내가 혼자 만나는
외로움 일뿐,
부르지 말라
떠나면서 내 이름을,
잠재워 놓은 것을,
세상은 한순간 어둠인 듯 모든 마음은 제각기
스스로를 재운다
이제 누가 누구의 어둠을 헤매이는가
찾는 자들은 어디에도 없구나
다만 떠나는 자들이
자유롭게 떠난 곳에서 만날 수 있을뿐……

人生

세월은 지나간다
물처럼
바다로 흘러가는 물처럼
모든 것은 지나가야 한다

둑이 있으면 메워서
강이 있으면 채워서
흐르는 물처럼

구름이 흘러가는 곳에
마음이 머무른 곳
낭만이 있는 정원도

잠시 머물러있는 세상
모래 위에 보이는
신기루의 성인걸

바람불면 아픈 가슴
돌아보니 무심한 세월
구름 보며 멈춰 선 곳
바다 위에 돛단배

삶

어둠 속에
잠들어 버린 공간
허망한 순간들의 이음
텅 빈 가슴
한 공간을 스치는 바람소리
차가운 입김으로 가슴에 온다.

거울을 바라보며
일상의 괴로움과 설움
눈물의 절규로도 떨어버릴 수 없는
인생의 사치와 향락.

빛이 없는 비애 속의 삶보다는
차라리 들을 수도 볼 수도 없는
다만 순간의 망각만의 영원하도록
세월이여!
이대로 돌이 되게 하여라

천 년의
비바람에 시달린
고통의 참맛을 맛볼 수 있도록
바람이여 이대로 돌이 되게 하여라

빗방울치고 바람이 스쳐도
마침내 먼 날
하늘이 한 조각
떨어져나와
새가 되어 날아
내 단단한 어깨 위에 찬란한
벗이 되게 하라.

향수

지금쯤
고향집 언덕엔
파란 하늘 향수 따라
어릴 적 어깨동무하고 놀던 시절
착한 마음 하얀 꿈 수놓던 친구

지금쯤
고향집 마당엔
모락모락 피어나는 향수 꽃
동생들과 둘러앉아 옛이야기 나눈다

지금쯤
고향집 들 언덕엔
코스모스 향기 무르익어
황금빛 들녘 오곡의 합창
거두는 소리에 무르익었겠지

지금쯤
고향의 옛 친구들
추억의 꿈 꾸던 시절
고향마당 언덕과 들녘
기억이나 하고 있을까?

부평초

난 부평초 당신은 물
바람이 그리는 구름 속
노을에 아련히 떠오르네.
서산에 안개 피어오르고
품에 안길 듯 다가오는 조각배
그리움 하나 비단이불 펴고
아름답게 태어난 사랑.
억새꽃 하늘 아래 고인 못
물 위에 떠있는 부평초여
들바람 스치니 두 뺨이 차구나.

외로운 밤에는

외로운 밤에는
자꾸만 별을 보고 싶다
더 외로운 밤에는
찬란한 유성이 되고 싶었다.

곱게 타다가
낭자하게 뿌려지는
내 심장 가까운 곳에
운석처럼 묻히고 싶었다.

노란 개나리 밭에서
나비 호호 날고
초록 바다에선
바람따라 파도 일어나는

자운영 붉은 돌담 넘어선 그곳
한쌍의 기러기 왜 울며 가는가
내 심장 태우는 찬란한 유성이여!
외로운 밤에만 빛나는 유성이여!

고향이 좋아라

물처럼 흘러간 회갑이 금수강산
고향을 등진 후 타향에 마음 심어
반평생 세월의 꿈속에 아련하네

내 고향 그리는 뜨거운 심장 속엔
보름달 볼 때마다 고향 생각 절로 나네
향리 어른 하시던 말 늙으면 안다던데

타향에서 텃밭 일궈 고향이 되었건만
마음속 허전한 건 옛정이 그리워서라
고향이란 말만 들면 동무 생각 절로 나네.

냇가에서 홀랑 벗고 미역감던 그 생각이
흐르는 구름 속에 회갑의 금수강산
옥쟁반에 올려놓고 내 마음 돌아본다.

타향도 정들어 내 마음 뗄 길 없고
고향의 고봉기 큰 내의 나라 소
성하 무더위에 우끼 갖고 놀던 생각

나이가 들어가니 고향 생각 절로 난다
세월이 흘러가니 동무 생각 절로 난다
고향 떠난 불혹 세월 유수 속에 청춘 갔네.

가는 곳 걷는 길

가는길 우여곡절 뉘라서 없었던가
청산에 배 띄워서 정처없이 흘러가는
아름다운 꿈을 찾아 쉼어없이 걸어가네

산넘고 물건너서 부상나무 보이는곳
꿈안고 뛰어넘어 수천년이 흘렀건만
눈썹같은 하얀달 금계옥계 소리없네

전설 속에 살아나는 그때가 언제련가
해운대 부상찾아 예까지 찾아왔네
세월흐름 인생길 가는길 알수없네

떠도는 구름처럼 인생은 바람 속에
흐르는 세월에다 글과 함께 상념하네
머무르려 하는 곳 그곳이 어드메냐?

우리가 사는 세상 혼자 걷는 길이 아닌
모두 함께 사랑하며 웃으면서
손잡고 걸어나가야 할 곳인 것을

귀향(歸鄕)

별빛 아래 물소리에 숲을 이룬 유억(幼憶)이네
영실계곡 산자락 돌아가는 초승달 그 어귀
세월에 넉넉히 앉아 함께 듣는 명상 말씀

말 물어 본다

청산아 말 물어보자 고금을 네 알던가
만고강산에 영웅이 몇몇이나 지나더냐
이후에 묻는이 있거든 일월도 함께 놀더라
세월은 물처럼 흐르나 시간은 화살같구나

산지기

산은 허리 굽은 거인
인자한 얼굴에 홍조 꽃 피면
머루 다래 산금 여물어 간다
수 많은 세파 심상은 영금에 보내고
청노루 하이얀 꿈이
골골이 퍼질 때 산속 산지기는
밤새 잠 못 이룬다
비단옷 불타는 깊은 산 산지기는
수억만 전설을 챙기고
산 노래 부르며 산에서 사누나.

산금:山禽(산새) 세파:세상풍파(世上風波) 심상:心想(마음속에생각)
영금:靈禽(신령(神靈)한 새. 상서로운 새. 봉황(鳳凰)을 이르는 말.)

인애

탐욕이 있는 곳에서 보시를
증오가 있는 곳에서 자비를
분쟁이 있는 곳에는 관용을
무지가 있는 곳에는 지혜로
눈을 뜨게 하소서.

그리고
가난이 있는 곳에는 풍요로움을
거짓이 있는 곳에는 진실을
절망이 있는 곳에는 희망이
일어나게 하옵소서

삼라만상 모든 이
불국토 인연 되어
자비광명 성취하옵소서.

양태영
사단법인 문화예술교류진흥회 정회원
한국한울문인협회, 제주문인협회 정회원
한국국보문인협회 시분과 부회장
제3회청룡문학대상수상(2008.한울문학)
저서:朝鮮王朝實錄을 통해본 *濟州牧使*(*濟州*牧사료집 제1책)
동인지:내마음의숲,수필과사람,댓잎에 이는바람 떨림등 다수

詩 · Ⅱ
Poem

윤명화

임용식

박경숙

김연식

김옥순

박세영

아직도 나는

아지 윤명화

진달래 피면
보랏빛에 물들던
열일곱 살이 그립고

뻐꾸기 울면
봄날처럼 아련해지던
첫사랑 입맞춤이 그립네

봄 간 것도 잊고
오색 풍선처럼 부풀어
꼬까옷 갈아입고
소풍가자 채근하면

가을은 만찬을 차려놓고
님 오실 길에 향기 뿌려
내 마음 붉은 융단을 펴네

물망초 되어
가을 온 것도 잊고
당신만을 기다리는 나는
아직 열일곱 살이라네

은빛 문고리

도깨비불이 7부능선을 타고
떡갈나무 숲으로 들어설 즈음
졸음에 겨운 호롱불은
늙은 노모의 고달픈 여정을
꿈길로 내몰고
가슴 시린 골바람은
눈길 시오리를 지나
꼬리 아홉 달린 여우가 되어
솔밭 어귀에서 울어댔다

초롬한 달빛
문설주에 동침하는 밤
산새소리 깊어지면
가슴에 기생하는 자식
꿈길에 홀연하니

세월은 가고 빈터엔
그리움만 서리서리 쌓여
노모의 한숨만 능선을 넘나들 뿐
그리운 자식은 그해 겨울가고
몇 해가 흘렀어도
달빛에 물들어가는 은빛 문고리를
다시는 열고 들어서지 않았다

봄날은 그렇게 갔습니다

눈물에서 일렁이는 그대를
내 안에서 덜어 내어
곱디고운 그릇에 담아
내려놓았습니다

행여 바라보는 내 마음 넘쳐
그대 버려질까봐
차마 내 안에
담아두지 못 했습니다

기근으로 허기진 가슴
바시랑거리며 아파할까봐
마르지 않는 우물 길어
별 중에 하나로 만들어준
그대였기 때문입니다

오늘도 만삭의 저 달이
모래성에 엎어져 우는 까닭은
까막바위 그림자도 떠나 가버린
그 날이 서러워서만은 아닐 테지요

아름다운 화아(華芽)로
하늘빛에 그 지혜 다하지 못하고
빈들에 마른풀 같이 서걱거려
희나리로 온기마저 떠나려할 때

하얀 물거품 소리 없이 내리는 바다에
불러도 대답 없는 이름으로
다시는 오지 않겠노라 던 봄날은
그렇게 갔습니다

윤명화
강원도 도계 출생
국보문학 시 부문 신인상 수상
국보문학 운영위원
한국국보문인협회 강원지회장
현)교회 주일학교 교사, 성가대원

붉은 동백꽃

大河(대하) 임용식

가슴속 붉게 핀 동백꽃
내 사랑 초경 같은 오 혈
겨울 바닷바람에 얼굴이 할퀴고
깊은 시름 속에 가시나무와 텃새들
하얀 꽃 피운 이슬 애상은
빨간 피 터져 우는 가슴속 열애

하늘에 흘러가는 구름처럼
천년만년 무상한 세월에 피고 지는 절개
알알이 익어버린 붉은 불덩어리여
태양에 섞여가는 웃음소리여
붉은 선혈은 황혼에 진솔한 색깔이
붉은 잎 시들어 얼굴 위에 흘리는

문단, 무심한 세월을 노 젓는 돛단배
바꿀 수 없는 소중하고 아름다움
당신 사랑 내 사랑 절개
영혼도 같이 익은 붉은 잎에 노란 속살
분주한 날개 편 하늘 기러기
풍류시인, 일몰에 비추는 떨림은
푸른 세월 잎 사이 익어버린 불덩어리

눈빛을 녹여 영혼을 적신다.

가슴에 남은 그대 사랑
노을 진 강가 춘분에 여울진 하얀 달빛
꽃샘, 강물 속에 빠지는 저 달
가슴에 넘실대는 사랑은
가슴에 까맣게 굳어버린 그대 발자국

영혼을 감싸는 사랑의 공유
물기 마른 메마른 꽈리처럼 부푼 망울들
혼상의 구름 속에 영혼과 자비
피안 하얀 달빛 아래 아픈 사랑을 녹이고
넘실대는 그대 사랑 영화로운 엔돌핀

땡그랑땡그랑 인생 종소리
잘난 삶인들 못난 삶인들 어찌하랴
아리랑고개 덩실덩실 춤을 추는 석양 사랑
추분에 너울진 땀방울의 아름다운 열애.

천사의 날개 내 가슴속으로

두 눈을 감으면 생각뿐이다
내 손을 다정하게 잡아주던 이
차가운 가슴에 불타는 불꽃

깊숙이 빠진 孤獨(고독)이여
끈끈한 생각은 공간 속으로 한발 한발
뒷모습이 떨어지는 아쉬움
가슴은 마음의 놀이터인데

이제 두 눈을 감으면 찌든 습관이
내 心境(심경)을 흐려놓는구나
가슴은 산산이 부서지더니
벌건 불 속에서 다 타버리고
재만이 훨훨 날라버리는구나

마음에 문이 열리니
사정없이 고이는 사랑. 정의 봇물
넓은 廣野(광야)는 투명한 거울 속으로

人海(인해)의 파란 하늘은 넓은 호수로
아물어진 잔잔한 가슴에
연기처럼 사라진 내 운명과 추억이
물보라 치는 영롱한 빛이 톡톡 튀는데

내 육체는 解渴(해갈) 속으로
하늘이 내 가슴에 품으니
산천은 달빛만 졸고 있는데
풀 벌레 소리는 어둔 밤을 삼킨다.

인생의 가슴을 휘휘 젓으니
하늘 문이 활짝 열리며
섭리로 뒤돌아가는 幽宮(유궁)한 길
내 가슴속은 영화로운 꽃동산

천사의 하얀 날개가 너울너울 춤을 춘다.

사랑은 진실한 告白

꽃비 속에 한 낮의 유희
고운 꽃잎이 가슴에 소복히 쌓이고
바람에 휘날리는 세월 속으로

사랑은 진실한 고백
봄바람에 흔들리는 여자
봄바람에 가슴 덮는 남자
유채꽃 노랑 비단이불 속에서
黎明의 빛을 가슴속에 쓰러 담는 햇살

호들갑스런 하루가 고요히 잠드니
어둠에 처량하게 묻힌 보름달
바다건너 산을 넘는 봄에 메아리

가슴 구멍 사이로 장렬한 햇살이
여름 같은 더위 회 깔리는 봄나들이

타고난 운명과 숙명의 그림자도
고단한 일상도 영혼에 유희로
幸福과 사랑의 고운 얼굴도 아스라한 목마름도
하늘과 땅이 맞단 영광의 쌍무지개

발가벗은 가슴

생애
어깨에 짊어지고 한걸음 한걸음
말없는 속살은 울고
연민에 회오리바람
발가벗은 가슴속에 애절한 달님에 은빛부름
애 된 고민 마음에 헛디딤
눈물을 쭈르르 흘리는 애기 별똥별

죄 없이 살다 말없이 죽는 비목
황금 시작은 황금으로 망하는 콩닥이는 가슴
고운 인연 향기로운 삶 속으로
당신 마음 얻은 게 다행이요
마음 줄 수 있는 사람 만난게 다행이요
사랑은 머리로 계산하지 말고 마음으로 퍼주세요

여생
임이여 지난날 아쉬움
주름진 가슴 속에 파도치는
아주 또렷한 당신에 향기로
아름다운 꽃핀 뜨락, 너울대는 나비는
벌거벗은 가슴에 목숨보다 귀한 당신이라오.

삶에 물결이 파도치니

서슬이 퍼런 칼날 위에 춤추던 유수
歲月을 밟으며 걸어라 락
世上 樂에 良心을 팔면 주님을 팔고
주님에 십자가를 등에 메고
세상 바람이 오락가락하니
두 손 모아 당신 위한 속죄 울음소리
골고다에 찢긴 주님에 육체
流血의 생애, 체온이 식어가니
입과 가슴에 진실이 채워진 사람 위한

만유에 주님이 죄를 대속함
뜨거운 눈물과 냉혹한 비양

양쪽에 십자가 귀막이 찢기는 냉혈함
善과 惡 , 罪와 罰, 천당과 지옥
구원과 심판에 갈림길 이라오,

四月의 하늘에 성령의 물결이 가슴에 파도치고
여한 속에 아픈 날들 여운 속에 영혼과 사랑
百年의 생애, 부활의 새 빛 속에
노도 같은 이정표, 하늘 문이 열리고
歷史 속에 심판의 신호등
삶에 물결 파도 속에 노랑불빛
사랑의 파랑 불빛, 육신의 빨간 불길
푸른 하늘 위에 천당의 은하수강 하얀 쪽배...

당신과 나의 魂 불

사랑은 그대 가슴에 머물고
늘 푸른 소나무같이
영생, 머물고 싶은 투영
당신과 나의 혼 불
소멸의 생애 허무한 인생이라도
영원히 시들지 않는 사랑

불에 타지 않는 사랑
텅 빈 가슴 시어로 채우고
도란도란 주고받고 살고픈 세상 삶

당신사랑 영원불멸
나의 시간 분홍 노을빛, 고단한 무심이
마음 토닥이는 마음에 나래
그대와 알싸한 입맞춤이
가슴에 돌고 도는 소용돌이 허상 허망도
구수한 세상, 삶에 잎 파리
모락모락 파란 연기피고

세상 쓸쓸한 인생 뒷모습
기쁨 슬픔 소멸, 달콤한 내 가슴
그대와 나의 생애 魂 불, 영광의 빛 길로

四月에 幸福한 꽃 피움

별빛 노울 영롱한 달빛에
四月은 솜사탕처럼 부드러운 꽃물결
똘망똘망한 눈망울
활짝 웃어 天地에 꽃향기를 만드니
四月은 봄 꽃 잔치
당신의 소라의 꿈, 사랑으로 가슴을 덮어주는 당신
眞實만 가져가야 하는 남쪽바람

겨울에 시샘
설렁설렁 썰은 깍두기같은 얼음조각
총총 썰은 매콤한 생채 같은 삶
겨울여행 욕심도 과욕도 늘어진 수정고드름

憧憬(동경)에 존중하는 동반자
다시 사월이 온다 해도 당신 위한 꽃 피움
四月에 노고송사랑
人生이 슬프면 영혼도 울고
인생이 기쁘면 영혼도 행복하다는
人生에 억보여 영혼은 축복으로
싱숭생숭한 처녀가슴 四月에 幸福한 꽃 피움도

悲戀의 파도타기

당신 위한 쓸모 있는 삶
어려운 미련들이 가슴 외치는 바람소리

밤 지새도록 들리는 그대 목소리
빈 마음에 담는 당신 사랑이
사색에 피어오르는 봄에 열정

연약한 생명들, 놀라운 힘이
연분홍 진달래 손짓하는
검불밭에 둥지 트는 종달새 가족
季節의 변화 흐름으로 가슴 적시며

장대비에 고개 숙인 나뭇잎처럼
가슴 움트는 고통 씻기는 아픔이
오묘한 세상 사계절 순응 하며

마음에 가득 찬 욕심
마음에 가득한 사랑과 축복이
삭막함에 지친 가슴에 최선에 수용,

追憶을 버리는 연습, 행복을 담는 연습
비련에 파도타기는
그대 가슴에 향기를 전하는 한 송이 꽃이 되리라,

바람에 가지들

大河/ 임용식

지난 歲月 눈 깜박여도 찾을 수 없고
남은 날이 소중한 나 나날들
世上은 좁다고 소리치고
世上은 천사가 없고 악인만 들끓는다고
까맣게 피멍든 가슴만 아우성

작은 사랑에 값진 것들
慾心도 과욕도 가슴에서 자라고
善과 惡의 자리다툼
그대 가슴에서 피어나는 사랑
陰地는 太陽에 얼굴을 가리고
살아야하는 生命은 자연에 순응

春風 속에 환한 얼굴, 바람에 가지들
까칠한 봄바람에 잔잔한 미소
바다, 세상의 모든 썩은 물줄기를 다 받아주니
내가, 가꾸는 꿈 속에 그리움과 행복이 물들고

당신과 나, 혼자 할 수 없는 사랑
하늘, 모든 새들도 바람도 날수 있고
이 땅은 모든 생명체가 자랄 수 있으니
땅 위에 바다 위에 하늘은 영원한 나의 꿈
사랑은 하늘 같이 땅 같이 바다 같이 영혼은 天國 같이....

봄의 화신 꽃망울 터트리니

마음은 늘상 당신을 생각하며
그리움은 마주보며 꿈을 꾸고
무거운 입으로 당신 사랑 바라보니
내 작은 가슴은 당신에 안방
시간과 공간 속에 당신과 삶 사리
어둠에 내딛는 발자국마다
당신의 환한 눈빛 밝혀주네요,

봄의 화신
그대 가슴에 꽃망울 터트리니
받아도 주어도 아깝지 않는 고마움
외로움 귀전에 들리는 당신 목소리
외로운 사람은 쉽게 늙고
하늘 같은 마음, 바다 같은 가슴
안개 속으로
봄, 바람 속으로 띄운 그리움
가슴을 감 쌓는 당신의 미소의 인생길

서로 믿음은 사랑과 행복 찾아
여명의 날개, 미소로 날개를 피우고
노을빛에 따뜻한 침묵의 날개를 접으리...

한 폭의 그림 같은 人生

歲月은 바람에 흔들리고
애환의 고비 고비, 때때로는 고독한 유희
하루하루 가슴을 가즐 런이
追憶으로 간직 할 수 있는 봄에 노래
역경 속에 피여 나는 인생
이루어지는 꿈, 해소우 같은 변 내
말끔한 무언의 푸른 햇빛
無言의 은 갈색 달빛
한 폭의 그림 같은 인생 꿈은 묵화 꽃을 피우니

가슴에 와락 솟는 당신 사랑은
人生에 보송보송한 껍질에
季節의 봄은 꽃이 피고 여름은 푸른 잎을 키우고
가을은 잎사귀 붉게 익히니
겨울의 가지는 알몸에 울음소리
歲月과 유수는 작년에 왔던 기러기는 가고
江南 갔던 제비가 돌아오듯이
하늘가는 목마른 길에
당신은 광활한 사막에 오아시스 나의 生命水

임용식 ··
호 : 大河, 닉네임: 귀여운 헐크
06년 사비문학 시 부문 신인상, 07년 농민문학 시 부문 신인상
08년 한국문학정신 시 부문 문학상, 한국문학정신 초대시인(09년)
08년 한울 문학상, 시와 수상문학 09년 봄 호 초대시인
주간지 신문(해병전우신문 월간 호 작년 일월부터18회, 21세기
부여신문35회) 농민문학 등 다수 문학지 작품발표 중

흥월리 해거름

박경숙

굵은 탯줄 같은 산길
자욱한 먼지 속으로 사라지는 연기발 열차
기적소리로 일곱 시를 알리며 멀어져 간다.

산길 더듬어 찾아드는
가슴에 그리움 가득한 길손
산새 소리 정겨운 솔밭을 가로질러
마음이 먼저 들어선
조그만 시골마을 흥월리였다.

골목길 돌아가면
비워진 듯 휑한 그리운 집
수숫대 엮어 흙 바르고
굵은 아카시아 나무 잘라
기둥을 세운 툇마루
가지런한 두 켤레 털신이 정겹다.

솔가지로 불 붙인 아궁이
굴뚝에 모락모락 피어오르는 저녁밥 짓는 연기
산자락 작은 마을 흥월리의 해거름은
바람 잠 든 호수를 닮았다.

숲속의 작은 음악회

새는 색깔을 가졌다.
조막만 한 작은 새
푸드덕 날갯짓
산이 날고, 강이 울어
초목 움집 지을 때
진달래 곱게 피었다

새는 하늘 높이 날았다.
여린 부리로 물고 온
애벌레의 만찬
눈도 뜨지 못한 작은 새는
소리만으로 어미를 알아보고
몸짓 하나로 배고픔을 알린다.

작은 새 엄마 찾는 울음에
천 번을 드나들며 먹이를
물어주는 어미 새
둥이, 둥이
산새의 둥이 작은 입맞춤
행복한 숲 속의 음악회였다.

꽃 꽃 꽃이야

산초에
벌 나비 노니는
푸른 벌판 따라
오색 꽃망울
톡오옥 터지는 소리
꽃, 꽃의 소리
갈빛이
고개를 떨구고
살포시
턱받이만큼 나온
새순의 요술
살그머니 내민
여린 초잎의
꽃샘은 미쁘다

박경숙
한글살리기 운동본부 대표회장
동강신문사 업무부차장
단종백일장 입선, 한국문인 신인문학상 등단
새한국문학회 회원, 경암문학회 회원
공저(한국대표명시선집, 불곡산의 미소 외3권)

풍경(風磬)

佳谷 김연식

봄바람이 나직한 언덕을
구렁이처럼 넘어
버들가지를 파랗게 멍들이고
눈썹 부풀려 알록달록 마스카라 칠했는가
속 고쟁이 들추는 살랑거리는 남실바람
두 손 벌려 힘껏 껴안아 온 세월
요동치는 유혹을 잠재우고
영원 불멸을 추구하는
돌탑 속에 머문 바람이
흔들리는 가슴을 다독여
연둣빛 새움을 돋치는가

초록 바람이
땀방울을 뚝뚝 떨어뜨리던 날
속옷 훌훌 벗어 던지고
알몸 폭포수 물맞이로
찌든 일상을 모두 헹굴 적에
목쉰 매미의 애절한 사랑노래
소낙비 흙탕물에 빠져 먼 길 떠나는가

갈바람에
단풍보다 붉은 정염을 불태워
하늬바람으로 애절함을 모두 날려

하얀 바람 부는 날
두 손 꼭 잡고 순백의 설원에
자박자박 새 발자국 찍으며
무디어진 세월을 보듬고 가는 새 길에
또
한 굴레를 넘는 가슴 일렁임 소리가 울린다

영화촬영소

찬바람 부는 날
님과 영화촬영소에 갔다
나이가 들면 애가 된다고 했던가
매표소 아가씨가 큰 인심이나 쓰듯이
'어르신들은 애들 입장료를 받겠습니다.'라고 한다
'이런 고얀 것'
'어르신 요금을 받겠습니다.'라고 해야지
'알것냐?'
'앞으로 조심하거라, 잉?'

눈이 듬성듬성 덮인
수채화 그림 같은 기와집
황토에 우툴두툴 돌멩이 박힌 골목 길
초가삼간 부엌에 툇마루
두레박질 우물에 외양간
어머니가 부엌 아궁이에 불을 지피시고
아버지가 사랑채 부엌 가마솥에 소여물을 쑤시는데
눈 지그시 감고 송아지를 핥는 외양간 어미 소
개구쟁이들 좁은 골목길에 모여
팽이치고 딱지치기하는 정경이 휙휙 지나간다
그 안에 내가 주인공으로 부산스럽다

폭풍 한설에
굽이치던 검은 파도
주저리주저리 엮인 애환도 모두 사위었으니
늦었다고 생각하는 오늘이 축복이려니
오늘도 두 손 꼭 잡은 사랑이 가득한 날

월야정(月夜亭)

칼날 같은 바지 주름
오랜 인고의 노력으로
목소리가 성우처럼 변하고
각 세운 교모에 단정한 용모
멋쟁이로 소문난 그 친구

서울 유학시절
일찍이 새살림 차려
유독 학비가 많이 든다 생각한 부모님
상경하여 배부른 예비 며느리 붙들고
하향길 오르니 목 늘어뜨리고
강아지처럼 그 뒤를 졸졸 따라 고향집에 안착

할 일 없이 지나던 중에
시멘트공장 개소에 맞추어
큰 도심에서나 봄 직한 색싯집 월야정(月夜亭) 불 밝히니
입소문에 시골 사람들 장날이 되면
야시시한 색시 곁눈질로 힐끗힐끗 보며
군침만 질질 흘리는데
공장 간부급들은 보란 듯이 거들먹거리며
여덟팔자로 들어가 속 알맹이 모두 탈탈 털리고
또
털려
두 쪽만 달랑 달고 빈 봉투 배달된 공장사택
저녁마다 육두문자에 방망이질 요란했다

월야정 주인 주머니와 배가 점점 불러
돈 씀씀이가 커지고 인심 사기에 급급하더니
고을 사또를 하겠다고 출사표 던지고
주머닛돈 모두 털려 빈 털털이 되어
화병에 울화통 터트려 끙끙거리더니
사랑의 전령사 김수환 스테파노 추기경님 떠나신 다음 날
그 뒤를 따라 황급히 떠났다는데
하늘나라에서는 욕심 버리고
일광정(日光亭)에서 잘 살아야 할 터인데

김연식
충청북도 단양 출생
분당정보산업고등학교, 성남서고등학교 교장 역임
월간 『문학세계』 등단
한국문인협회 세계문인협회 서정문학회 회원
세계시낭송협회 운영위원, 성남뉴스넷 詩 기획연재
시집 『아름골 연가』 등

상주곶감

김옥순

가지 잎새 사이로
떫디떫은 풋감 주줄이
절절되던 감각 어이 모를쏘냐

가을 햇살 고운 빛 받아
이내 성숙해진 모양새
파란 하늘에 주홍색 배경으로
고운 꿈 여문다

잘 익은 감사랑 손길 닿을 때
하나 둘 깍지 틀에 사알짝
벗겨진 알몸
몰래 부끄러운 듯 조심스럽게
줄타래로 층층이 늘려진 그 모습

갈바람 살랑살랑 장난스런 간지럼
꿈틀꿈틀 그 모습 사랑스러워
자연 바람 덩달아 행복했었어

맑은 공기 전전하야
수목 이룬 분양옥토 옹골찬 변신
하얀 옷 곱게 속살 가리고
한겨울 눈 녹아내리듯
입 안 가득 고이는 달콤한 그 맛
상주곶감 그 이름 일품이로세

수면하는 각성

늘 그 시간이면 찾아오는 잠
어느새 포근한 꿈속
푸른 하늘이 보이고
수많은 별들
유난히 반짝이고 있었네

눈빛처럼 빛나는 각성별
눈이 부셔 놀라 깨어나니
보이는 건 어둠만 가득하고

멀리서 비치는 가로등
희미한 불빛 사이로 입체 그림자만
창가에 다가와 서성이고 있었네

전자시계 시침
새벽 4시를 알리고
조용히 발자국 소리 일케어 보는
하룻밤 지샘을 바람 속 꽃잎처럼
피고 지는 꿈속 여심
못내 이룬 환상이었네

고운님 가리운 채

새 움이 터질듯
금방이라도 보일 듯한데
따뜻한 입김처럼 와 닿는 느낌
젖은 움 속 머물고 있어
더욱 보고 싶구나

두더지처럼 흙 밀어올리듯
봉긋 솟아오를 것만 같은데
고운 님 숨결만 일렁거렸어

햇살 올올이 나뭇가지 감싸며
아련한 봄향기 따라서
사랑노래 들려주려
님 찾아온 종달새
봄나들이 가자하네

김옥순 ································

경북 상주 거주
국보문학 시부문 신인상 수상
국보문학 운영위원
한국국보문인협회 상주시 지부장
보험업 종사

님의 향기

박세영

간밤에 들리던 님의 숨소리
아직도 귓가에 맴도는데
새벽은 님을 어둠속에 숨겼네

떠나간 님은 기약 없어도
님과 나 사이 만리성에는
사랑의 향기 가득하다네

새소리, 물소리, 님의 목소리
봄이 깊으면 님 오시려나
달님에게 물어도 별님에게 물어도
환한 미소만 넘실대며 춤추네
님과 나 사이 흰 구름에는
소리 없이 다녀간 발자국만 남았네

희망이 수줍게 걸어오는 봄날
님을 안고 간 치마저고리
이른 봄도 늦은 봄도 향기롭다네
향기롭다네

땅 끝 첫 땅

천년고찰 구부러진 돌담길 돌아
고목 즐비한 계곡 지나
시원한 감로수에 목을 적시면
땅 끝 마을 아름다운 달마산 줄기
산사에 은은한 목탁소리 울려 퍼지고
홀연한 돌배 한 척 사자포구 닻을 내려
금인(金人)의 검은 소 하늘 향해 드러누워
계곡 속 아름다운 울음을 울어대니
이곳에 경전을 모셔 미황사라 부르나니
하늘에 기도는 풍요로운 세상이요.
마음은 허공이로세!
나무아미타불 관세음보살

*땅 끝 첫 땅 달마산 미황사에서

용담산성

굽이굽이 천릿길 돌고 돌아
봄꽃 흐드러진 공원길 산 능선에
버려진 고구려 성체 용담산성
대군의 함성으로 적의 간담 서늘케 하고
주몽의 활솜씨 하늘도 탄복하네
광개토왕 혼을 담아 말 달리길 수백 년
지금은 부러진 말뚝에 새겨놓은 몇 글자로
고구려의 옛 땅임이 증명되니
무너진 성벽에 가슴을 기대고
흐르는 눈물의 한을 세월에 묻는다
옛날은 간데없고 텅 빈 가슴속
용담사 목탁소리 울려 퍼진다

박세영 ································

대전 출생
국보문학 회원
100인회 행사분과위원장
현) 와이에스산업(주) 관리이사
이메일 : manjob@hanmail.net

隨筆 · I
Essay

권영이

양태영

진정한 여유(餘裕)

청계 권영이

일요일 오후에 동작동에 있는 국립서울현충원 외곽도로를 걷는 모임이 있다. 한 시간 정도의 걷기운동을 하고 모임의 리더가 준비한 잘 익은 시원한 수박 한 조각을 먹는 즐거움에 참여하다 보니 이제는 취미로 굳어 버리게 되었다. 수많은 묘지를 바라보며 인생에 대하여 생각하게 하니 다소 엄숙한 분위기가 되어 살아 숨 쉬며 걷는 건강함에 감사함을 느끼게 된다.

잘 조성된 길에 숲이 우거지고 약수터에서 목을 축이며 맑은 공기를 마음껏 들이 마시며 걸으니 자연히 여러 명상에 젖게 된다. 그러니 자연히 일행들과 대화의 꽃을 피우는데, 여기에서 알게 된 후배가 메일로 보내 온 인생의 3가지 여유로운 삶을 떠 올리며 진정한 인생의 여유로움이란 무엇인가 곰곰 생각해 본다.

사람이 평생에 세 가지의 여유로움을 즐겨야 하는데, 하루는 저녁이 여유로워야 하고, 일 년은 겨울이 여유로워야 하며, 일생은 노년이 여유로워야 한다는 것이다. 농부가 고된 농사일을 끝내고 저녁 호롱불 아래 식구들이 둘러 앉아 도란도란 저녁상을 받는 여유로움이 첫 번째 여유로움이요, 봄에 씨앗을 뿌리고 여름내 김을 매면서 땀흘려 가꾼 곡식을 추수하여 곳간에 가득 채우고 눈 내리는 추운 겨울에 따뜻한 아랫목에서 화롯불에 고구마를 구워먹는 맛이 두 번째 여유로움이며, 자녀농사를 잘하여 시집 장가 다 보내놓고 아내와 함께 손자 손녀 재롱을 보는 노년의 다복함이 세 번째 여유로움이라는 것이다. 우리 인생에 대하여 깊은 사색을 하고 삶에서 세 가지 여유로움을 집어 낸 이야기가 그럴듯하다.

나는 이 이야기를 들으며 주부가 일찍 일어나 아침밥을 지어 사랑하는 남편을 배불리 먹여 출근시키고, 아이들을 모두 챙겨 학교에 보내고, 부지런히 팔 걷어붙이고 집안 청소를 말끔히 하고, 세탁기를 돌려 빨래를 해 넌 후 커피 한잔 타서 소파에 깊숙이 몸을 묻고 직장에 간 남편이 무사 무탈하게 일을 마치고 돌아오며 학교에 간 아이들도 공부를 열심히 하여 훌륭한 인재로 커 줄 것을 기도하다가 거실 가득히 들어오는 따스한 햇살에 행복한 졸음을 맛보는 여유를 상상하여 보았다. 그리고 어느 광고에 나오는 노년에 부부가 넓은 거실에서 텔레비전 채널 권을 빼앗으며 "제발 양말이나 뒤집어 놓지 말라"고 뒷말 꼬리를 길게 올리는 행복한 아내의 애교스런 투정소리를 듣는 노신사의 여유로움을 그려 보았다.

그런데 이런 느긋한 여유로움이 절대로 오래 지속되지 않는데 문제가 있지 않을까? 농부의 저녁의 느긋함도 자고 나면 다시 평상의 고단한 생활이 기다리고, 겨울의 여유로움도 다시 봄이 오면 분주한 생활이 시작되며, 그리고 노년의 행복이란 것도 죽음이란 인간이 넘지 못할 한계상황에 곧 당면하게 된다.

국립서울현충원 순환도로를 걷다보면 박정희 대통령 묘소를 지나가게 된다. 박 대통령이 10.26 하루 전 총무처 장관으로 재직 중 간암으로 별세한 심의환씨의 부인에게 보낸 편지에서 "인생은 원래 무상한 것이고 회자정리라고 하였으니 한 번 왔다가 한번 가는 것은 정한 이치인 줄 알면서도…"란 위로의 편지를 보내고 그 편지가 자신의 운명을 예고한 편지가 돼 버렸다는 글을 보았는데 영원한 여유로움을 깊게 명상하며 그 준비를 하는 지혜로움이야 말로 진정한 여유로움이란 생각이 든다.

진정한 평화로움과 여유로움은 저 수없는 무덤에 드리워 있지 않나 하는 생각을 하게 한다. 극심한 스트레스로 피를 말리는 고통도 이제는 없을 영원한 안식에 들어 갈 때 까지 진정한 여유로움이란 없으며 잠시의 여유로움은 사치에 불과하다는 생각을 하면서 부지런히 삶의 목적이 이끄는 삶을 살아야겠다.❦

권영이

서울 거주
연세대 정법대 행정학과 졸업
국보문학 수필문학 신인상 수상
ROTC 7기 예비역 장교
(주)유한양행, (주)만도기계 근무 (주)한미카우투 사장
한국국보문인협회 대외협력부회장

인생은 너와 나의 만남

양태영

인생에서 제일 중요한 것은 만남입니다.
독일의 문학자 한스 카롯사는
"인생은 너와 나의 만남이다." 라고 말했습니다.
인간은 만남의 존재입니다.
산다는 것은 만난다는 것입니다.

부모와의 만남
스승과의 만남
친구와의 만남
좋은 책과의 만남
많은 사람과의 만남입니다.

인간의 행복과 불행은
만남을 통해서 결정됩니다.

여자는 좋은 남편을 만나야 행복하고
남자는 좋은 아내를 만나야 행복합니다.

학생은 훌륭한 스승을 만나야 실력이 생기고
스승은 뛰어난 제자를 만나야
가르치는 보람을 누리게 됩니다.

자식은 부모를 잘 만나야 하고
부모는 자식을 잘 만나야 합니다.

씨앗은 땅을 잘 만나야 하고
땅은 씨앗을 잘 만나야 합니다.

백성은 왕을 잘 만나야 하고
왕은 백성을 잘 만나야 훌륭한 인물이 됩니다.
인생에서 만남은 모든 것을 결정합니다.

우연한 만남이든 필연적인 만남이든
만남은 중요합니다.
인생의 변화는 만남을 통해 시작됩니다.
만남을 통해 우리는 서로 발견하게 됩니다.
서로에게 의미를 부여하기 시작합니다.
우리들의 만남의 시간을 소중하게
간직하여 아름다운 연이 되도록 노력합시다. ❦

양태영 ································

사단법인 문화예술교류진흥회 정회원
한국한울문인협회, 제주문인협회 정회원
한국국보문인협회 시분과부회장
제3회청룡문학대상수상(2008.한울문학)
저서:朝鮮王朝實錄을 통해본 濟州牧使(濟州牧사료집 제1책)
동인지:내마음의숲,수필과사람,댓잎에 이는바람 떨림등 다수

詩·Ⅲ
Poem

이우창
정선자
전미야
이경우
김월석
이길옥
김영배
이희정
권대욱
손광식

꽃의 소리

요나단(海島) 이우창

잠깐 불어주는 바람에도
작은 사연을 밀어 넣어
가을 이름에 달아 구름을 띄운다

높아지고 넓어진 가슴을 따라
오랜만의 가을 소리에 잠이 깨어
긴 구름을 따라 꿈을 그려본다

아직 맺히지 못한 꽃의 이름을 외우며
혹시 벌써 떨어질까 귀동냥하며
작게 발소리를 들어 다가가 본다

꽃의 이름에 맞추어 그 미소를 보며
작은 손짓까지 흥에 겨워
가을 이야기를 만든다

꽃 속에서 살고픈 욕심이 있기에
쉽게 떠나지 못하고
꽃잎만 세고 있다

양손이 모자랍니다

꽃의 손짓

봄이라 부르지도 않았는데
땅 밑 생명이 하늘을 바라보려 기지개를 켠다
작은 눈동자에 봄의 기운을 맛보며
두 팔을 밀어 구름을 잡는다

작은 자리를 호흡을 가다듬어 큰 숨소리로 넓힌다
작은 팔에 열린 꽃의 눈곱을 떼어 땅에 묻는다

여기 저기 얽혀 풀어진 꽃들의 몸가짐이
따뜻한 햇살에 녹아 큰 동산을 이룬다

첫 손님으로 바람이 등장하여 옷을 입힌다
보너스로 실바람을 묶어 작은 향기를 뽑아낸다

한 무리의 꽃동산에 눈주름이 가리도록 크게 피어
한 해 봄의 이름을 오래도록 기억하게 흔들어 준다

예쁜 색 흥분되는 향기로 하루를 열어
새벽을 누구보다 일찍 말문을 열어 시작한다

꽃이 저렇게 손짓 하는데......

꽃마차

어느 한 날 봄의 이름을 찾으러 들로 나갔지요
멀리 꽃구름이 보이기에 내 꽃인 양 달려갔지요
구름마저 들러리로 빛을 던져 주기에 기뻐했지요
발밑에 푸른 풀들도 흔들어 나를 응원했습니다
가끔 코에 풍기는 향기로 꽃의 이름을 찾아 뛰었답니다
손에 잡힐 듯 가까이 있기에 내 품에 들어오리라 했지요
문득 곁에 있던 바람이 손짓을 내어 둘 사이를 갈랐습니다
그 사이 멀리 꽃이 뛰어 나가 구름을 쫓아갑니다
정신을 차리고 옆에 있는 마차를 얻어 타고 꽃을 찾습니다
얼마나 오래 기다림에 눈에 익혔던 꽃이기에
더 큰 호흡에도 모른 채 마차를 달립니다

이우창 ··································
문예비전을 통해 등단
한국문학인협회, 한국기독문인협회
국보문학 운영위원
한국국보문인협회 상임이사
시집-'하나를 셀 수 있음은', '하나를 잃은 의미는'
수필- '이름없이 빛도 없이'

목련꽃 지고 나면

수정 정선자

잊혀진 줄 알았는데 아직도
그댈 보내지 못하고 찬바람 일렁이는 문밖에서
기다리는 여심은
타는 가슴 어쩌지 못해
눈물방울 먹구름 사이로 흘려보냅니다
이별이 무언지도 몰랐고
사랑이 아픔으로 가슴을 생채기 낼 줄도 몰랐는데
미처 준비하지 못한 이별은
아직도 숨죽여 보고파 밤마다 울부짖는 어린 새가 되어
달빛 드리운 창가에 기댄 체 마음은
지울 수 없는 시선에 머물러 있는데
어찌하면 좋은지
차라리 사랑이 상처난 아픔이라면
멍든가슴 치유하는 약이라도 있다면
이토록 아파하지 않을 텐데
밤마다 시린가슴 움켜쥐고
못다한 사연 끝없는 그리움 띄워 보내고
쓸쓸한 봄밤은 하얀 목련화 미소로 대신해 주지만
떨어진 목련화 잎 아로새긴 그리움
가슴 철렁이며 밤새도록 너를 만져
그리움 달래어 봅니다
사랑
무엇으로 오길래 이토록 질긴 아픔 아물지 않은가

목련꽃 지고
아픔까지 지워지는
사월의 푸르른 날에 마음도 푸르러 화사한 복사꽃으로
피었으면
하얀 미소 드리울 텐데

밤에 쓰는 편지

남녘하늘 끝에서 너 있는 먼 곳까지
봄소식 한아름 담고서
너를 향해 봄향기 너울따라
흐르고 있건만
고이 간직된 그리움 한자락 마저
품에 안아 보았니
강원도 첩첩산중에 더디게만 오는
봄내음 그리워 눈물 날까봐
소담스레 담고서
바쁘게 달리고 달려 너 있는 곳까지
보내었는데
봄소식 전해 들었니
혹여 봄향기 가슴에 안겨 오걸랑
진한 그리움의 흔적 묻어
함박 웃음 띄워 보내주지 않겠니
보고싶다 무척이나 보고싶다
아들의 빈자리 그리운 사연으로
하염없는 밤 지새고 있지만
차마 눈물나지 않았다고 말 할거야

여자이고 싶어요

여자인데
그대에게만은 여자이고 싶은데
여자로 바라봐 주지 않을 때 가장 서러워 눈물 납니다

꽃인데
그대에게 향기로운 꽃이 되고 싶은데
향기 잃은 꽃으로 바라볼 때 가장 외로워 그 그늘에 숨고 싶답니다

가슴에 꽃씨하나 심어 그대 고운 꽃으로 피우렵니다

정녕 그대 향기로운 꽃이 될 때 여자는 행복해서 웃습니다

정선자
전남 장성 출생
부산 거주
국보문학 운영위원
한국국보문인협회 이사

매화 향기 속으로

多仁 全美也

긴 겨울
북풍한설 야윈 매화나무에
봄 햇살 살며시 찾아든다

겨우내
수절했던 마른 가지
미풍 살랑이니
설화 닮은 희디흰 꽃잎 피우네

아스라이 멀어진 님
그리워 띄우지 못할 사연
순백의 꽃잎에 빼곡히 채워
살랑대는 바람에 띄우지만

겨울 가면 봄 오는데
내 그리움은 허무의 그림자이니
애끓는 맘 매향에 얹어
그리움만 사무친다

동심

어린 시절
아름다운 자연에서
꿈을 키우던 고향

몽당치마에
신발 들고 개울 건너던 징검다리
엄마 찾아 나섰던 기다란 방죽에
패랭이꽃 지천이고

밭두렁에
노랑 배추꽃 청초한 미소 지으면
흰나비 노랑나비 친구 되어
봄 하늘에 팔랑팔랑 춤사위 벌였지

깊은 밤
앞산에 부엉이는 목청 가다듬어
밤 공기 흔들고
마루 밑 바둑이는 응대하며
짖어대던 내 고향집

세월이 흐르고
마음은 멀리 떨어져
봄이 되면 추억 그리워

동심을 손에 넣고
행복한 미소 짓는다

봄의 연가

봄비는 추적이며
시간 속 추억을 앞세우고
아장아장 찾아든다

가슴 밑바닥에 숨은 감성
몽글몽글 아지랑이를 피워
연록으로 봄을 물들이니
잠자던 그리움 기지개를 켜네

먼지 묻은 세월
살랑살랑 흔들어 털어내고
봄비로 말갛게 씻어
햇살 밀어 넣으니

시려 울던 나목은
앙가슴에 여린 순 걸어 놓고
봄 마중 나선다

전미야
경남 진주 거주
한울문학 시부문 · 수필부문 신인상 수상
한울문학작가상 수상(2008)
국보문학 청솔문학상 대상 수상
한국문인협회 회원
한국국보문인협회 경남지회장

희망의 봄

道軒 이경우

햇살이 밝고 따스한 봄날
기지개 켜는 계절의 소리
수줍은 듯 살짝 고개든 연둣빛
새 희망 새싹 꿈틀 거린다.

산기슭에서 불어오는
향긋한 봄바람 타고
겨우내 아픈 상처 쓰다듬으며
꽃과 싹을 돋우네

여리디 여린
연둣빛 이파리 춤추는 소리
행여 우리 님 오시려나
두 손 내밀어 봅니다.

산수유꽃

등 굽은 산자락 숲속 농장
양지바른 언덕 넘어가는 산길
봄바람 그렇게 살랑거리더니

엄동설한 버티어낸 산수유
실바람타고 동한의 여윈 가지
기지개를 펴며 새싹을 돋우고.

갓난아기 젖꼭지처럼 부풀은
산수유가 꽃눈을 내밀더니
연노랑 꽃망울을 터트렸어요.

가지에 매달린 여리디 여린 꽃들이
바람 따라 나비처럼 춤추듯 나풀나풀
새봄 향기가 온몸으로 스며듭니다.

봄비

해마다 맞이하는 봄이지만
수줍은 처녀 숨결 일렁이는 풋향같은
설레는 마음 하늘을 날듯 기분이 들뜬다.

촉촉이 대지를 적시는 반가운 봄비에
땅속 깊이 잠자던 생명의 화신들
깊은숨 들이쉬며 새 봄을 준비한다.

아직 봄을 맞이하기엔 이른 절기라지만
겨우내 움츠렸던 사지를 살포시 밀어
북향산 잔설을 배웅하며 동면의 창을 연다

화사한 봄을 가슴에 한 아름 안고
아지랑이 아물아물 피어오르면
솜털 보송보송한 버들가지 봄을 전한다.

새로운 생명이 약동하는 들녘 넘어
봄의 향연 속으로 자박자박 발맞춰
예쁜 임과 함께 봄나들이 가렵니다.

이경우
자유문예 시 부문 등단, 자유문예 작가협회 정회원,
한국국보문인협회 부회장, 시와 수상문학 운영위원.
서울가정법원청소년보호위원, 사랑의 전화 상담봉사자
인성놀이교육연구회, 레크리에이션교육연구회 전문위원,
동인지 – 내 마음의 숲, 시인의 향기 등 다수
시집 – 까치소리, 저서 – 나의 꿈 이렇게 가꾸렵니다.

황산벌

김월석

멀리 계백의 혼령
살아있는 황산벌
봄의 새싹은 돋아나고
신라와 당나라 연합군사
밀려오는 황산벌 전투와 함성

용맹무쌍
백제 계백 오천 결사대
천년이 지난 그 자리,
패망의 전설을 알리려는 듯
철새들만 울어대고

초연히 잔재로
벌판에 묻힌 계백의 영혼
혼백이 살아 숨 쉬는 듯
황금빛 벌판 억새풀로 돋아나
젊은 꿈 못 이루어

원통함 천지를 흔들고
전장의 핏자국은
언덕을 온통, 붉은 황토
물감으로 풀어헤쳐 놓은 듯
석양빛마저 붉게 물들이고

적막한 산야에
피어나는 잡초는 백제
계백의 오천결사대
젊은 영혼을 알리려는 듯
들리지 않는 함성으로

산야에 메아리와 같이
혼령으로 오늘로 이어오나 보다
백제 호국의 영령들
일천 사백 년 전 그 날 역사
황산벌 계백 오천결사대

조국을 지키기 위해
그날도 오늘처럼
황사 먼지 짙은 날
나당연합군사에 결사항전
황산벌 피의 능선에

장렬하게 산화한
황산벌 결사대여
역사의 땅 황산벌이
오늘따라 유난히 붉게 보이는구려

인생살이

중년을 넘어
육순 고갯길 문턱
쉰다섯 마루에 걸터앉아
씨 뿌려놓은 장성한 자식들 바라보며
지나온 삶과
앞날의 삶을 생각해본다.

가난으로
배운 것 가진 것 없이
혼신의 노력으로 갖은 풍파 역경 헤쳐
여기 와 본 내 삶은
청춘은 온데 간데 업고
흰머리 얼굴엔 잔주름만

장고의 세월에
아무리 발버둥 하여도
겨우 이것인데
왜 세상은 이토록 무정할까
가진 자는 똥오줌 못 가릴 정도
부를 누리고

없는 자는
한 평 누울 자리 없어
지하도 차디찬 시멘트 바닥에
나동그라져 이 풍진 세상을 마감하는
현실을 보며 들으며
분명히 암흑기 터널을 예고하누나

하지만
체념은 금물 세상은 끝이 아니다
나보다 뿌려놓은
자식과 후손을 위해 목숨 다하는 날까지
최선에 최선을 다하면
분명 지금보다
더 나은 세상이 있을 거라
희망을 안고 오늘도 힘차게 도약한다

나는 요

내 삶의 터전이
대전에서 공주로 바뀌어
컴컴한 새벽길을 나와
눈이 덜 풀린 채,

나와 같은
사람들 틈에 끼어
카 레이싱 하는 양
금강변 새벽길을 달린다

물안개 하얀 구름띠
초연히 흐르는 강가에 띠를 두르고
들에 된서리
보석처럼 찬란한 빛을 발하며
새벽 들판 비출 때

그 길, 삶에 새벽길
나는 아름다움의 극치를 찾기보다
시간에 얽매인 새벽의 아침으로
감상을 찾을 수 없이
생명의 수단으로

잠깐 잠깐
차창에 스치는 느낌으로
가슴에 담을 뿐
라디오에 들리는 낯익은 낭랑한
목소리를 들으며

목적지에 도착
긴장으로 심신은 녹초가 되지만
정신을 가다듬고
다시 출발하는 마음으로
제자리 찾아가니

오늘도
세월은 물 흐르듯 말없이 가는가 보다

김월석
대전거주
국보문학 시부문 신인문학상 수상
국보문학 운영위원
한국국보문인협회 대전시 지회장
국민연금공단 공주지사 근무

하일(夏日)

돌샘 이길옥

푸를 건 다 푸르러 버린 들에 내던져져
한 마리의 풀벌레로
이 풍성한 여름을 안아보면
세상은 온통 내 것인데

내게서 잘 가꾸어진 꿈의 옷깃이
잔뜩 푸른 물이 들어
하늘 한 자락이 되는 설레임에 싸이는데
어찌하여 기어오르는 벼랑은
끝없이 높아만 보이는가.

진득진득 온몸을 죄어오는 한낮에
답답한 가슴을 열어
한 잔쯤 독한 술을 털어 넣고
취기가 어리면
어릴 적 시냇가에서 물장구치던 시절로 돌아가
철없는 개구쟁이나 되고 말까.

의욕뿐인 무더위 속에서도
타는 가슴을 얼리어
벼랑을 타고 하늘을 오르는 슬기의 가지
싱싱한 생선이 퍼덕이는 가지를 따라
깊숙이 잠의 늪에 들어
둥둥 하늘을 떠나는 기쁨에나 젖어볼까.

탈피(脫皮)

멀미난 바람이
가파른 능선을 기어 넘는
어느 축제 같은 날.
어머니 당신이 울고 나도 울었소
울며 굴리는 세월 속에 굵어진 뼈
잔뜩 먼지 낀 뼈마디마다
음울한 매연이 기를 세우고
제치기 같은 인생을 알몸으로 달리는
우리의 일상에 몰려오는 우수의 태풍
찢긴 돛을 달 듯 나의 뼈는
난파된 상념의 검은 숲을 이루고
기갈 속에서 피곤한 나를 발견합니다
우리는 죄로 배를 채워야 하는
일상 어느 구석에서 서로 악수를 나누고
허허, 웃음을 뱉어야 속이 시원했어요
벽을 쌓아 올리면서도
다정을 털어 내는 사이비
성자의 말씀이 유행가로 흐르고 있는 우리의
높은 울타리 밖으로
녹슨 종이 울어 심장을 꺼내들 때
아, 종소리가 스며든 나의 내부는
음악을 잃고 말았어요
가자, 주문에 지친 몸을 끌고
가난한 귀소를 향하여…….
어둠을 몰아
빛을 심어놓고 나면 부스스 눈을 드는 羊

나는 순한 양이고 싶은데
어머니 당신은 생명을 주고 카인으로 키웠습니다
그리하여
가장 위대한 성인을 원했었죠
나의 출생은 처음부터 빛바랜 기저귀 나부랭이
허용 없는 신경기능 사이에서
눈으로 찰랑거리는 휴일은 소멸되고
굵어가는 뼈마디마다
수천의 하루를 찢어내는 소리
서툰 연기로 연명하는
기계 같은 관절의 울음소리를 나는 듣고 자랐습니다
향 없는 꽃을 쥐고
몇 수 십 해를 버리고
차츰 익어가는 나의 영역
들리는 모든 소리를 엮어 편력을 이루면
나의 대뇌에 이는 해일
해일의 합성이 활활 타올랐어요
어머니 당신이 울고 내가 울던 날
그 선한 아픔을 달래며 원하던
양의 탈을 위한 합장을 하고
뼈 사이에 묵은 매연을 씻어낼
깨끗한 수건을 하나 장만해야죠
낡은 관습에서 피로를 뽑아내고
성장의 깃발을 올리는 활기찬 발돋움
나의 가난한 식탁에 올릴 소망의 끄나풀에
햇빛이 부신 나의 귀소로
조용히 탈피(脫皮)하고 싶습니다
어머니

내일을 기다리는 마음

깊숙이 패인 살점 안에 돋아나는 진통이
어두운 밤의 외곽을 선회하며
불면의 동공에 세심한 관심을 쑤셔 넣고
순백의 마음속에 깨끗이 닦인 거울을 비추는
자정의 꿈
나는 꿈의 파편에 묻힌 채
백팔번뇌를 헐기에 바쁜 손마디에 생긴 물집을 짜며
머큐로크롬에 흥건히 젖은 솜뭉치를 추겨 든다
빨간 정념을 흔들어 깨우는 우렛소리
굳은 사념의 깊은 속살 가닥, 가닥에서
자연의 파란 눈들이 사랑을 염원하고 헤어지던 비명을
줄줄이 엮어
뜨거운 사연으로 환원시키던 원시의 촉수마다
눈이 흐린 안개로 덮이는 지대를 역류하고
내 잘못의 구멍 난 사념이
문득 고열에서 하나씩 돌아오는 시각을
예감하는 지혜로
어둠을 기어오르는 벌레들을 털어 내며
우윳빛 창을 왈칵 밀어젖힌다.
창 너머의 시원스런 공허
무딘 기억을 흔들어 깨우는 기침소리가
취한 자정의 역습에서 일어서는 불굴의 투지를 추겨 추기다
이마에 손을 짚으면
물결처럼 가닥으로 흐르는 생활의 밝은 여명이 일고
생생한 기력이 잡아끄는 동아줄 밖의
침울한 밤, 그 껍데기들의 해체 속에 밝아오는

오, 빛.
내 마음대로 한 아름의 빛이
아침 발목에 걸린 목숨을 만지작거리며
나는 이 시각의 탯줄을 당기는 작업에 열중한다.

이길옥 ··································
통일생활 신춘문예 시부 당선, 교육자료 시 3회 추천 완료
설록차 문학상, 자유문예, 만다라 문학, 대한 문학세계, 서정문학 시 부문 등단
한국문학정신 광주 비엔날레 시화전 대상 수상
자유문예작가회 이사, 광주광역시 문인협회, 대한 문인협회 회원.
大韓民國 詩書文學, 시와 수상문학 문인협회, 서정문학 정회원.
동인지 - 파라문예, 내 마음의 숲, 시인의 향기 등 다수
현대시를 대표하는 특선 시인선(창작문학예술인협회 간)작품 수록
저서 - 시집 '하늘에서 온 편지'

스치는 기억

김영배

오랜 시간이 흘러도
내 안에 남아있는 단 하나의 사랑
가까이서 멀리서 나를 부른다.
메마른 가슴에 맺힌 응어리
늘 보듬어 달래보지만

세파에 찌든 흔적을 떼어내며
초침 따라 흘러가는
세월을 헤는 마음
우리는 그렇게 연을 이어가며
하루하루의 공간을 채운다

멀어져가는 기억
시간이 지날수록 희미해져가는
흔적처럼
그렇게 흘러 한 해가 가고
또 다른 한 해를 흘려보낸 어느 날

앞뜰 정자에서 모여
도란도란 고운 추억
스쳐간 수많은 행복을 회상하며
주거니 받거니 환하게 웃을 날
기다려 본다.
설사 오지 않을 시간일지라도...

추억 속의 사랑

봄 향기 그윽한 꽃 한 송이
그대 가슴에 꽂아놓고
잊히지 않는 그리움 바구니 가득 담아
그대의 곁에 놓아두고

모진 겨울 견뎌낸 푸른 솔잎
한 줌 따서
약속처럼 그대의 손에 쥐어주며
안타까이 키워온 사랑의 씨앗
지나버린 시간의 굴레를 지나
다시 그 시간 속에서 함께하고 싶은 마음
하루하루 담아둔 기억의 책장 속에서
꺼내 보고 만져도 본다

지나치는 바람 사이로
아스라이 보이는 추억 하나
사랑의 흔적은 아직도 남아
그리움의 호수 잔잔한 수면에
작은 파문으로 맴돌고 있다.

추억속의 가로수 길

가로수 그늘 아래 벤치
시간의 여운 속에서
양탄자처럼 오색의 향기로
차가운 몸 덮어주듯 한 잎 두 잎
보는 이의 마음을 감싸주며
계절의 히로인 되어
바람에 날아가고

남은 자 아쉬움을 삼키며
어제의 길을 찾아 허전함 달래며
추억 속의 작은 행복을 느낀다
가지런히 줄지어선 고목에서
한 잎 떨어지는 낙엽 주워
책갈피에 끼우고
다시 오지 못 할 시간
고이 갈무리한 채 책장을 덮는다.
곱게 접어 넣어둔 낙엽
그리운 어제의 이야기를 듣는다

김영배
경남 하동 출생
부산 거주
현) 건설회사 부장(근무지 울산)
국보문학 회원

새벽시장

초희 이희정

우두에서 다리 건너
봉의산 옆에다 두고
소양로 3가 우거에

돌아가면서 늘어선
알록달록 조명 불빛들
옹기종기 새벽시장에
시장 사람들이 모여들고

저녁나절에는 어둠이 내리고
소양로지구대 불빛은 환하지만
인적이 없이 고요하네

우리네 마음 어이할거나
오고가는 사람들이
모처럼 환하게 웃음 짓네
살아가는 향기처럼
사랑과 정에 취해서

아 봄이어라

부드러운 4월의 아침
비로소 게으른 창문을 열고

순수의 언덕에 이는
상큼한 순풍을 맞으며
맛있는 기지개, 진저리 칠까나

고운 햇살 담은 순수한
네 모습 보고 싶어서
기다린 걸까

바쁘지도 않으면서
고운님의 꽃향기 은은히 맡고
싶어서 애태우며 기다린 걸까

아! 봄이어라
일어나는 소리에
기다리지 않아도, 보내지 않아도
저절로 흐르는 게
세월의 강이라

신선한 봄비소리에
내 마음에 사랑가득이
봄비 속에서 사랑과 행복의
향기가 내 곁에.

촛불처럼

밤거리에 은은한 네온
불빛 사이로
길거리를 거닐면서

무지갯빛
차디찬 고독 속에
피어나는 차디찬
유리잔 속에
비추이는 고독의 맛

태양처럼 타고 싶어
타오르는 촛불같이
뜨겁게, 뜨겁게

타고 싶어라 촛불이여!
사랑이여, 사랑이여!

이희정
고3때 시마을에서 장원으로 당선 / 국악전공 / 사단법인:충효예실천운동본부상임위원 〈강원도교육감표창〉`08.06.20 / 환경관리지도사 / 여가재활〈음악〉치료사 / 시사모동인;서라벌문예문인예술인협회 서라벌티브〈김재구클럽회원〉/ 학교예절교육강사 / 현대시선등단시인 / 현대시선작가협회 정회원 / 재향군인회 종신회원 / 청소년선도위원 / 통일부제96호 남북통일운동본부중앙회=중앙홍보회장

치악산에 별이 산다

청하 권대욱

숨 가쁜 햇살은
금대리 긴 철교에 머물던 버들치 고운 비늘
사형수처럼 매달린 헐거운 가을 틈 비집는다

영원사 이정표에 역사의 그림자 따라오고
누린 땀방울은 호국 혼으로 천 년을 지났다
뉘가 시작하여 산성길이 되었을까

야윈 산죽 흔들리는 상원사 가는 길,
불이문 높으니 여기가 도솔천일 것이고
마주 댄 두 손엔 빈 바람 지나는 소리

골바람 부여잡은 산신각, 무너진 돌탑 앞
허술한 삶들 날려 버린 전설이
지친 육신 그림자로 남대봉 쉼터 머물 땐
욕망 엉긴 발원 향불에 담아 올려두었다

슬픈 염원 담긴 비로봉 검은 돌탑 끝에
석양에 젖어가는 상념 길게 걸어두면
여물어 가는 달빛도
구룡사 추녀 끝 풍경 소리에 머물렀고

저만치 키 작은 부도 뒤돌아보니
초라한 영혼 두고 온 치악산에는 별이 살고 있었다.

망월사 무위당에 앉아서

그림자로 따라오는
궁핍한 발자국이 하나, 둘,
이정표 되어 산길에 새겨지는 날

솔바람에 짭조름하게 떨어지는
땀방울, 헹구어버린 삶의 고뇌도 섞였다

푸짐한 함박눈의 무게로
미망 자락 모두 덮여
동면에 빠진 적막한 망월사*
내 탐욕 숨어든 늙은 기왓장도 졸고

가끔은
구름 따라 지나던 산새가
울든지 말든지
절집 뜰
성긴 마룻바닥에 내려앉는 햇살

여태껏
찾지 못한 봄의 온기에 더워진
따사로움이 고와서
한낮의 실낱같은 졸음을 닦달해본다

추상화 같은
벽화 속 천진불
내가 그린 화엄의 세상은 사바의 놀이터일 뿐

꿈의 날,
푸짐한 달빛이 그리도 곱다던 날은
그 여인과 단둘이서
조촐한 달맞이 하려면
별빛 고운 솔바람도 향내음 담아 올 것 같아
고드름 끝에 매달린 낙숫물만
가만가만 헤아려본다

채 녹지 못한 마음 배낭에 얹어
해탈문 열고
돌아 나서려니 아니온 듯 그냥 가라네

솔바람에 지친 햇살은
무위당 뜰에 살가운 미소 한 움큼 내어준다.

*망월사 : 望月寺 - 경기도 의정부시 호원동 도봉산에 있는 절.
639년(선덕여왕 8)에 해호화상(海浩和尙) 창건.
*無爲堂 : 무위당은 지장보살을 모신 지장전. 추상화 형식의 벽화가
그려져 있다.

천축사 풍경소리

춘풍에 놀란 풍경의 파문이
슬며시 더듬던 도봉 자락 적시고
옥천 감로수 한 모금에
봄 햇살은 오늘도 조금씩 다가온다

늘어진 봄날이 만나던 산길
툭 불거진 핏줄로 다가온 고목뿌리
숨 가쁘게 안쓰러운 돌계단 따라
파헤쳐진 속살

저만치, 선인봉 긴 자락이
관세음 무봉천의로 드리울 때
그냥 서글펐던
의미 없이 빙긋 웃어주는 씁쓸한 미소

귀퉁이 깨어진 암기왓장
절집 삽살개 긴 털이 눈앞을 가리고
청동 불보살상 앞에서
실눈감고 합장한 비릿한 속물의 염원
소향내음 따라 길게 파문으로 그려대던 하늘

침묵하던 제불보살전 그림자는
헛바람 따라 흔들렸고
이제 낡은 육신의 그림자
절집은 여전히 내 마음을 담아주고

가만 두 손 모아 눈 감으면
허공을 헤매던 빈 마음 한 가닥

한 귀퉁이
닭 볏 같은 만장봉
뫼 그림자가 다시 들려주는 풍경소리
가끔은 귓가에 다가와서 머문다

권대욱 ·································

1961년 경북 포항생.

등단 : 계간 文藝地平 詩부문

공저 : 비 내리는 밤엔 늘 가슴 설렌다. 外 다수 공저

현대생명 사내보, 계간지 문예지평, 법연 연화지 등 작품발표 중

한국국보문인협회 사무국장

문자로 쓰는 편지 1

손광식

바람이 얼마나 불어오는지
산야가 흔들거려요
나무들은 손에 손을 잡고
웅크리고 있어요.
낙엽들은 애처롭게
비명을 질러대며
이리저리 몰려다녀요
내 속은 울렁거려요
바람멀미 나려나 봐요
사시랑이 되어버린
산중의 나는
바람의 포로가 되었어요
두 손 두 발
꽁꽁 묶여버린 채
시린 눈으로
창 밖만 바라보아요
추워요
몹시 추워요

문자로 쓰는 편지 2

어젠
미친년 널뛰듯이
머리를 산발하고
천지를 넘나들던 바람이 있었다지
잘잘하던 기름기
다 빠진 거친 살갗에
시린 바람 침 너무 아팠어
오늘은 카리스마 짱짱한 눈빛,
부리부리한 태양이
박차고 솟아올랐어
하루 낮 밤이 지나도록
기다려온 하늘이 비로소 열렸어
오늘은 시름 젖은 심신일랑
정신이 바짝 들도록
찬물에 헹구어 내다 널어야겠어
뽀송뽀송 마를 때까지
햇살이 간질여 줄 거야
오늘은 너무 좋아
행복해

문자로 쓰는 편지 3

빗소리에 눈 뜬 새벽
미명을 가르는 겨울비에 창문을 열었죠
두 시간 남짓 잠이 들었는데
기억조차 가물가물한 꿈을 꾸었죠
꿈에서도 비는 내렸고
비몽사몽 잠을 깬 거죠
12월에 내리는 겨울비는
소리를 내며 달려오지만
까닭모를 그리움은 소리도 없어요
마치,
소리 없이 내리는 눈처럼 말이죠
지금 이 시간,
그대 계신 그곳은 어떠신지요
내가 보낸 그리움은 안녕하신지요
안부가 궁금한 겨울아침,
이곳엔
비가 내려요

문자로 쓰는 편지 4

넌 행복하니
그렇게 묻고 싶었습니다
내가 알고 있는 사람들에게
내가 줄 수 있는 행복은
어떤 것이 있었을까요
작든 크든
많든 적든
크기나 부피를 떠나
나로 인해 느낄 수 있는
행복이 있다면 얼마나 좋을까요
요즘 그런 생각을 하면
왠지 자꾸만 미안해집니다
불만이 많아지는 계절입니다
오늘은 내 몸에 덧칠을 하고
조금은 불투명의 자세로
살아야 할까 봅니다
나도 행복을 줄 수 있는
사람이라고
자신을 다독이며
움츠렸던 어깨를
으쓱거려 보아야 겠습니다

문자로 쓰는 편지 5

짓궂은 표정으로
징징거리며
이리저리 노니는 바람처럼
난 왜 그리도
자유스럽지 못하는지

소리도 못내는 울음
그냥 울고 싶을 뿐
난 아무것도 할 수 없어

지겨워죽겠어
자글자글
내 속을 쑤셔놓는
사는 일 내일이 속이 상해
내가 울고 싶은 걸
아무도 몰라

큰 바람이 지나간 후의
고요함처럼
아침을 만났으면 좋겠어

문자로 쓰는 편지 6

눈동자 한 번
깜박거릴 때마다
눈물샘엔
얼음이 쨍하고 얼어버려요
덧없는 세월나기에
멋대가리 없이 늙어만 가는 게
어찌나 설움이 솟아나는지
얼어붙은 눈물샘에
하소연해요
따뜻한 녹차라떼
한 잔 마시고나면
설움이 달래질까요?
마음 안 작은 난로에선
자꾸만
불빛 하나 달라고 하는데요

문자로 쓰는 편지 7

초조해하지 마
썩은 동아줄이라도
잡아야 하는 시대,
마음이 조금이라도 가는 인연,
바라만 보아도
눈 꼬리가 하향으로
실금 짓게 하는 사람,
그런 사람이라면
자존심 꿍쳐놓고 서라도
내편으로 안아야 해
꼼수 쓰지 않아도
속셈 쯤
헤아릴 수 있을 만큼 편한 사람
내 속살을 빌려서라도
새살 돋아 날 수 있도록
피와 같은 영양분을
공급해 줄 수 있는 사람
나도 그런 사람이 되고 싶어
불만이 많은 계절
갈망이 많은 계절에
나는 날마다 꿈을 꾼단다
혼자서 웃는단다.

문자로 쓰는 편지 8

눈 오는 아침에
잠시 하얀 세상을
누리고 살았던 오늘이었어요
눈 그치고 눈이 문드러져
마스카라 번지 듯
검은 눈물이 흐르던 오후에선
절망하는 도시의
추려한 나신을 보았어요
치부를 드러낸 도시가 흔들거려요
심장의 박동소리 거칠게 울려대고
나도 따라 흔들려요
이른 땅거미
스멀스멀 기어오르는
참담한 저녁인 걸요.

문자로 쓰는 편지 9

당신의 눈 안엔
긴 세월 녹여내지 못한
외로움이 있었습니다
만년설로 얼어붙은 시린 아픔에
번뇌의 한 줄기 빛이 내려
당신의 붉은 피를 돌게 만들었습니다
시린 가슴 둘이 만나
사랑으로 키가 크는
행복을 보고 싶습니다.
방관자가 아닌 조력자로서
당신과 당신 사랑이
하나 되는 그날까지
나는 늘 그대들의 곁에 있겠습니다

문자로 쓰는 편지 10

얼굴이 살포시 부어있어요
어루만져 주었죠

두 눈은 발갛게 불이 붙어 있었어요
찬물로 문질러 주었죠

마음에 작은 종기 하나 솟았어요
바늘로 찔러보았죠
너무 아파 눈물이 날 뻔했어요

이러지도 저러지도 못하고
그러다 하루가 가겠죠

사는 일이 다 그렇거든요

문자로 쓰는 편지 11

통통하게 살 오르는
봄날이 자라납니다
꽃잠 잔 아침이면
유난히도 반짝이는
아침을 만납니다
임 오실 것 같은 설렘 가득하고
햇귀어린 골목엔 작은 아이들
이 골목 저 골목
잰 걸음에 분주합니다
맨살을 간질이는 봄 햇살
까르르 웃습니다
골목 끝에서
누군가 안녕하며
손 흔들 것 같은 오늘은
살 오르는 봄날입니다

문자로 쓰는 편지 12

당신의
눈을 통해
나를 보게 하고

당신의
귀를 통해
내 말을
듣게 하고 싶어요

사랑해요
라고……

문자로 쓰는 편지 13

하늘은 맑고 푸르러요
바람도 제법 불고요
살갗을 간질이는 바람은
가시가 달렸어요
양지 녘에 앉아서
해바라기 하다가도
저절로 웅크리게 만들 만큼
심술기 가득한 걸요
사는 일도 그러하잖아요
찻잔 속에 바람처럼 말이죠
나이를 먹는지 저항하는 삶보다
관조하는 사람이 되어가요
굴복이 아니라고 소리치면서도
찜찜한 이 기분은 뭐랍니까
점심을 먹고 나면 좋아질는지요
배부르면 생각도 유해지겠죠?

문자로 쓰는 편지 14

비오는 날엔
비오는 날의 오지랖으로
세상을 가자
갈 짓자, 또는
오리걸음, 팔자걸음,
아무러면 어때
목마른 가슴
아가리를 한껏 벌려
빗물로 적시고
촉수를 벌름거려
똥물이고 오줌이고
다 빨아들여라
오지랖도 신나게
헤드뱅잉, 헤드뱅잉
대가리를 흔들며
앞으로 가자
신나게 달려나보자

문자로 쓰는 편지 15

어린가슴
콩, 콩, 콩 두드리는 소리에
살며시 입술을 내 밀어요
각질 투성이 거친 몸매엔
쩡. 쩡. 쩡 균열이 일구요
단물나는 새살이 돋아나요.
말간 햇살에
톡. 톡. 톡 화장을 하고
봄 마중 한창인걸요.

문자로 쓰는 편지 16

먼 곳에 계신다구요
잘 다녀오시고
돌아오실 땐
지난 시간들의 묵은 상념들
다 버리고 가볍게 돌아오세요
봄에는
봄에 맞는 옷을 입어야겠죠
생각도 마음도, 사람도
버릴 것은 버리고
쓸 만한 것들만
옷장 속에 넣어 두세요
다시 만났을 때
반가울 것들만 그리 하세요
난 심장의 피를 갈아야겠어요
펄펄 끓어서
너무 뜨거워진 피는 꺼내버리고
냉각수와 함께
새 피를 넣어야겠어요

문자로 쓰는 편지 17

어제는
봄풀들이 술렁이는
호반의 도시
춘천을 다녀왔어요
따뜻한 봄볕
한 아름 갈무리하고
허밍하며
아이처럼 노닐다 돌아왔어요
어제 받아온 봄볕을
나눠주고 싶어요
한 걸음 걸음마다
디딤돌로 삼으세요
내일도 모레도
따사로운 봄볕의 기운으로
들풀이 자라나듯
날마다 행복이 자라나세요
기쁜 한 주일 키가 크세요

문자로 쓰는 편지 18

핏발 선 눈에
쌍심지를 켜고도
오늘처럼 마음이 담담한 날
도대체 얼마만인가

온갖 도발과 만행으로
침략된 내 육신
꼭지부터 발끝까지
온전한 곳 하나 없지만
오늘만 같아라.

단숨에 갈아엎을 듯
수복의 태극기 꽂고
시든 열정에
불씨를 당겨 보련다.

초토 된 육신에
파란 새싹을 틔워 보려는
이 지독하고 처절한 전쟁의 끝을
狂氣의 미소로 즐겨 보련다.

손광식
한울문학 시부문 신인문학상 수상
시와한글사랑 문학 시부문 신인문학상 수상
詩集 – 내 허락없이 아프지도 마, 강물 위에 띄운 편지
공저 – 숲으로 난 길, 내 마음의 숲
서울메트로초청 시화전 "시와 그림이 있는 풍경"출품
한울문학 문인협회 회원, 문학예술교류진흥회 회원
시와글사랑 문협 회원, 바다문협 동인회 회원 한국국보문인협회 회원

隨筆 · II
Essay

김유성

오재연

이진영

명익찬

최윤환

부적의 기운

김유성

해마다 입춘을 앞두면 절에 다니시는 어머니가 챙겨 오시는 입춘 부적을 현관 출입문 위에다 붙이곤 했습니다. 부적이 액운을 소멸하고 복을 불러들인다는 뜻으로 사용을 하는데 불교 믿는 저도 잘 맞는 것인지 안 맞는 것인지 모릅니다. 어머니가 붙여 놓으라 하시니 그냥 붙여 놓곤 합니다.

일전에 제 집에서 가까운 곳에 사는 친구가 하나 있는데, 이 친구는 절에 다니며 수행 공부를 하고 있었습니다. 한 두 해 전 까지 사업을 하던 친구는 무엇에 홀렸는지 사업을 접더니만 절 공부도 하며 무당을 좇아다녔고, 어느 날 갑자기라고 할 만큼 사람들 사주를 봐주며 인생을 짚어내는데, 제법 잘 맞추더라 이겁니다.

친구는 돌아가신 아버지가 자기 몸신이라나 어쩌나, 집근처의 선술집에서 대포 한잔을 하면 맨 날 하는 애기가 그 애기 그 애기 끝에 친구의 신통력을 한번 확인해 보기로 했습니다.

얼마나 신통력이 있나 술 한 잔을 마시며 친구에게 아버지가 지금 옆에 와 계신지 한번 보여 달라고 했더니, 내가 오셨나 안 오셨나 한번 보여주겠다며 자기 호주머니에서 조그만 역삼각형의 쇠줄이 달린 추 - 수맥 탐지 봉을 꺼내었습니다.

친구는 탁자 위에 추의 줄을 잡고 가만히 추를 고정 하더니 - "아버지! 우리 친구가 지금 아버지 제 옆에 오셨는지 안 오셨는지 안 믿어서 그러니까 제 옆에 오셨으면 추를 돌려 보세요" 하고 말하자 가만히 있던 추는 오른쪽으로 살살 돌기 시작을 했습니다. 정말 신기한 현상을 직접 눈으로 목격을 하면서도 믿을 수가 없었습니다. 또 친구는 제게 말했습니다. "믿어, 안 믿어? 그럼 더 크게 돌려 본다! " 하고 말 하더니 추를 향해 또 말했습니다. "아버지 친구가 못 믿겠다고 하는데 더 크게 순행해 보이세요." 그러자 추를 잡고 있는 손은 분명히 그대로 가만히 있는데, 삼각형의 추는 마치 사람이 일부러 돌리는 것처럼 크게 원을 그리며 돌고 있었습니다. 뚫어져라 신기한 눈으로 쳐다보는 내 눈을 보며 친구가 "이제 믿어!?" 하고 말하니, 이제 안 믿을 수도 없는 일이 되었습니다.

그런 이후 친구와 술 대작을 하면, 자기가 도통한 일부터 시작해 삼라만상 우주의 아미타불을 노래하면, 도대체 무슨 말인지 사람들은 잘 못 알아 들으니 옆에 있는 제가 통역을 해주어야 비로써 그 말을 알아들을 정도였습니다. 친구의 말 한마디는 큰 스님의 법문을 듣는 것이나 다름없었습니다.

친구가 제게 했던 얘기중에는, 벽을 보고 수행하는 면벽 수도를 했던 얘기가 있습니다. 벽을 보고 수행중이었는데 갑자기 큰 벽이 앞을 떡하니 가로 막길래 밀어 보려고 무진 애를 썼으나 밀리지가 않았다나-? 이후 친구는 당 사주에 신점까지 보는 신통력으로 뭇 사람들이 몰려들기 시작했습니다. 사람들이 사주를 보아주면 신통력에 다들 깜짝 놀라서 그를 만나기 위해 매달리는 사람들이 부지기수로 늘어났습니다. 천안에 사는 아무개 씨는 큰 마누라 작은 마누라 문제 때문에 한 번 소개를 해주었더니, 죽자 사자 전화해서 만나달라고 애걸복걸을 한다며 피곤해 죽겠다 ,어쩌면 좋으냐고 넋두리를 하기도 했습니다.

친구도 워낙에 심성이 착하지만, 고지식한 면도 있어 사람 다루는 방법은 영 숙맥입니다. 그런 친구를 위해 뭐가 어떨 때는 어떻게 해야 한다고 제가 사람 다루는 법을 하나하나 일러주면, 그도 무릎을 탁치며, 맞아! 맞아! 탄성을 연발합니다.

한동안 친구가 제 사주 봐 주는 재미에 푹 빠져 있었고, 사주 봐 달라고 매달리는 중생들에게 시달리지 않는 법을 친구에게 가르쳐 주니, 우리는 서로 스승의 사이입니다.

친구와 툭하면 만나서 막걸리 한잔에 세월 썩는줄도 몰랐습니다. 그런 이 친구가 얼마 전에 제 처와 아들놈의 운이 안 좋다고 새해도 왔으니 액운을 소멸하여 큰 운을 받으라고 자기가 직접 그린 부적 두 장을 주었는데, 그 부적은 흔히 보는 예사로운 부적이 아니었습니다. 뭐 예술성이 가미된 부적이라고 해야 할까? 친구는 이제 어지간한 스님도 못하는 부적을 다 그립니다. 부적은 에이 포 용지보다 좀 큰 크기의 종이에 하나는 팔괘에 맞추어 이상한 그림을 그린 것이고, 다른 한 장은 용의 그림이 있고 독수리의 형상인지 뭔지 모를 그림에다 고대의 상형 문자 같이 그려져 있는 것인데, 액자에 넣어 놓으라고 해서 액자에 넣어 하나는 벽에 걸고, 하나는 침대 옆 처가 눕는 자리의 근처 협탁 위에 올려놓았습니다. 그런데 이것을 올려놓은 그날 처는 처음으로 깊은 단잠을 잤다고 다음 날 아침 아주 기분이 좋아 있었습니다. 그게 다 부적의 기운에서라는 것은 아직 몰랐습니다. 그런 어느 날, 서울에 장모님과 처제네 식구들이 몽땅 집에 놀러 와서 근사한 저녁을 같이 먹고 늦은 시간이 되어 잠자리를 정하게 되었습니다. 동서와 저는 거실에서 자고 처와 처제는 안방의 침대에서 잠을 잤는데, 처재는 처의 자리에서 잠을 자고 처는 제 자리에서 잠을 잤습니다.

그리고 다음 날, 처제의 너스레가 재미있었습니다.

"내가 꿈을 잘 안 꾸는데 밤새 꿈을 꾸느라고 잠을 하나도 못 자서 피곤해 죽겠다" 고 하는 것이었습니다. ㅎㅎㅎ 웃으면서 저는 그것이 부적의 기운 때문 일 것이라고 어림잡아 생각이 들었습니다.

그 뒤 이 사실이 궁금해서 친구에게 말하자 그 사람과 부적의 기운이 서로 안 맞으니까, 그런다고 하는 것이었습니다.

그 일이 있고나서 이제 잊을 만 할 때가 되자 이번에는 처가 꿈을 시리즈로 꾼다고 또 다시 환장하겠다고 하는 것이었습니다.

저는 또 부적의 기운이 너무 가까이 있어서 좀 그런가보다 생각되어 부적을 멀리 다른 위치에다 걸어 두라고 일러두었습니다. 사실 부적 위에서 수맥 탐지 봉으로 그 기운을 체크 해 보면 부적 위에서도 수맥봉이 빙빙 돈다는 사실을 확인한 바가 있습니다. 처는 시키는 대로 부적 액자를 다른 곳에 걸어두고 그날 잠을 자고 다음날 아침 궁금하여 또 물어 보았습니다.

"꿈을 또 시리즈로 꾸었어?"

"아니....... 괜찮았네......."

처는 벌쭉하게 웃는 것이었습니다. ❦

김유성

경기 시흥 출생 · 거주

국보문학 시부문 신인상 수상

국보문학 수필부문 신인상 수상

국보문학 운영위원

한국국보문인협회 인천시 지회장

다음카페 '경사모' 카페지기

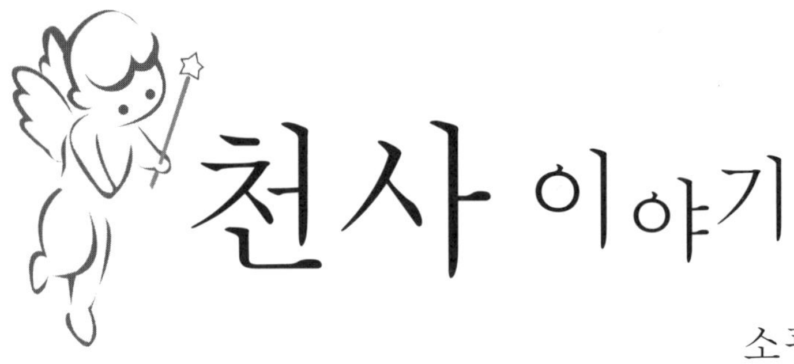

천사 이야기

소광 오재연

사내는 지금도 그 날을 잊지 않는다. 곁에 다가와서 건넨 그 한 마디, "이것 좀 드세요" 사내는 그녀가 주는 것을 받아먹고는 눈을 둥그렇게 뜨고 무엇에 홀렸는지 무슨 생각을 하는지 뚫어져라 그녀를 바라보더니 혼자 중얼거린다. "천사, 천사, 천사" 이 후 무슨 결심을 했는지 사내는 흐트러졌던 자세를 바로하고 이제까지의 행동과는 다르게 예의 바르고 싹싹한 청년으로 변해버렸다.

그 날 이후 사내는 다른 사람으로 변해가고 있었다. 오직 한 가지 목적을 위해 최선을 다하는 사람, 그녀가 좋아하는 일이라면 무슨 일이든 하고 마는 사람, 그녀와 결혼하기 위해서는 어떤 난관도 뚫고 나가는 사람, 술 좋아하고 우유부단하고 남들과 다른 세계의 사람처럼 행동하며 살던 청년의 얼굴에서는 생기가 돌고 입가엔 미소가 끊이질 않았다.

어려서부터 가난한 삶에 또 행복하지 못한 가정에서 살았기에 학업을 중단하고 산으로 들어가서 신접한 인생으로 첫 사랑을 떠나보내야 했던 아픈 가슴을 안고 살다보니 한 줄기 희망마저 잃은 양, 늘 이마엔 내천(川)자를 긋고 항상 무슨 일에 골몰하는 듯 혼자 있기를 좋아했던 청년이 그 날 이 후는 인사도 잘하고 남들과 어울리기도 잘하고 숙직 때만 되면 밤새는 줄도 모르고 전화통을 붙잡고 그녀와 사랑을 속삭이곤 했다.

다른 사람들과 같이 사는 환경이 적응이 안 되는지 혼자 있기를 좋아 했고, 공부하기를 좋아 했고, 일기는 안 쓰지만 풀리지 않는 수수께끼를 풀기 위하여 시간이 있을 때면 자신이 이 땅에 이런 모습으로 태어난 것을 원망이라도 하는 듯, 한 번도 붙이지 못한 편지를 "알지 못하는 신에게" 쓰고 또 쓰고 찢어 버리곤 했다.
사내는 이 날을 사는 동안 혼자만의 가슴앓이는 누구에게도 말 못할 사연이 많았나보다. 또 누구에게 말한다 해도 풀지 못할 사연들을 안고 살았나보다. 가정에 얽힌 사연 학업을 중단하고 산으로 가야만 했던 사연 산에서 살지 못하고 나와서 공무원으로 속세에 살면서도 무언가 불만족에 술을 마시고 주정하고 산사로 쏘다니며 염불에 목탁 두드리던 사연 그러는 와중에도 공부가 하고 싶어서인지 방송통신고등학교에 입학하여 한 달에 두 번씩 대전고등학교에 가서 공부하는 것은 잊지 않았다.

조그마한 시골동네에서 사람들은 사내에 대하여 말 하곤 했다. "착한 애, 공부 잘 하는 애, 기른 엄마 곁을 떠나지 않는 효자 아들" 그러나 이 모든 것은 한 순간에 물거품이 되고 말았다. 갑자기 학교를 그만두고 어린나이에 술 마시고 주정하는 방탕아로 변해 버렸기 때문이다. 사람들은 또 말 했다. "부모 잘 못 만나서 참 좋은 애 버렸다. 공부하다 미쳤다. 몸이 아파서 저렇게 됐다. 실연당해서 저렇게 됐다." 답 없는 설만이 무성하게 돌아다니다 보니 어머니는 점쟁이를 찾게 되고 하나같이 점쟁이는 신접했다고 말하기에 신을 받을 수밖에 없는 환경으로 몰리게 되었다.

사실은 소문과는 무관한 사연이 있는데, 하늘가기 까지 나만의 비밀, 말 못 할 사연이 있는데 누구에게도 말할 수 없는 사연을 가슴에 안고 살아가는 사내에게 이세상이 무슨 낙이 있겠으며 어디에 소망을 두고 살아갈 수가 있었겠는가. 모두가 말하는 대로 엄마가 소원하는 대로 신풀이를 하여 신접한 인생을 사는 수밖에. 가난에 찌든 가정에 신 내림 굿을 한다는 것은 적지 않은 돈이 드는 아주 어려운 문제였다. 그러나 이렇게 해서라도 아들을 살리기 위해서는 두 어머니는 힘을 합하여 있는 것 없는 것 다 긁어모아 5일 동안 신 굿을 하게 되었다. 그 때는 시골에 텔레비전도 없던 시절(1977년)이라 누구네 신 굿을 한다면 아니 안택을 한다 해도 이웃

동네에서까지 와서 구경하곤 하던 시절이었다. 가난하지만 두 엄마는 행복했는데, 사내로 말미암아 두 엄마는 눈물 그칠 날이 없었다. 신 굿을 하는 동안 두 엄마가 돼지머리, 신주단지 앞에서 번갈아가면서 절하며 소원을 비는 모습을 옆에서 지켜보면서 사내는 엄마들이 얼마나 불쌍해 보였는지 모른다.

나 하나 때문에 고생하시는 엄마들, 나 하나 때문에 싸울 수밖에 없었던 엄마들, 나 하나 때문에 원수 중에 원수가 한 집에 같이 살 수밖에 없는 두 엄마들, 한 분은 낳은 엄마, 또 한 분은 기른 엄마, 누구를 엄마라 해야 할지 몰라서 엄마하고 부르면 동시에 대답하므로 난감했던 엄마들, 아버지는 같이 살지도 않았지만 일찍 돌아가셨기에 아버지를 아버지라 부르지도 못하고, 엄마라 부르면 둘이 다 대답하기에 엄마라 부르기를 꺼리며 살면서 아무에게도 말 못할 사연을 가슴에 쌓고 쌓으며 자랄수록 망가져가는 자신의 몸을 발견하고도 누구에게도 말 할 수도 없는 사연만을 알지 못하는 신에게 아뢰다보니 여기까지 왔다.

신 굿, 박수무당은 꽹과리와 북을 두드리며 주문을 외운다. 그 옆에 보살은 신 춤을 추며 사내를 부른다. 단지 안에 쌀을 가득 채워놓고 그 위에 대나무가지에다가 문종이를 잘게 썰어 신장 대를 만들어놓고 사내에게 잡으라한다. 그리고 신나게 꽹과리와 북을 치며 춤추는 보살이 사내를 인도한다. 꼼짝 않던 다리와 신장 대를 잡은 손이 어느새 움직이기 시작 했다. 두 손 모아 빌고 비는 두 엄마의 불쌍한 정성에 사내는 눈물을 흘리며 신장 대를 흔들고 춤을 춘다. 모두를 체념한양, 박수무당과 보살에게 몸을 맡긴다. 하늘이 무너지고 땅 꺼지는 소리를 들으면서도 두엄마의 빌고 비는 소원, 마지막 소원 같은 애절한 모습에 효자 아들은 그렇게 춤을 추고 또 추었다. 박수무당은 큰소리로 외친다. “너를 인도하는 신이 어디 있나 찾아보자! 안방에 있는지, 뒷산에 있는지, 저 유명한 계룡산에 있는지, 칠성당에 있는지, 산 신전에 있는지” 꽹과리 소리는 더욱 커지고 사람들은 볼거리를 만난 양 재미있어 하는 모습도 보인다.

5일경 마지막 저녁이 되자 사내는 모든 것을 체념하고 오직 두 엄마를 기쁘게 해드리기 위해 신장 대를 잡고 춤추던 사내는 박수무당의 주문 따라 문을 박차고 나가서 신장 대를 흔들며 어둠을 가르고 사랑이 잠자는 가슴에 응어리진 뒷동산, 아무에게도 말 할 수 없는 사연 안고 홀로 외로이 눈물지며 자주 가던 뒷동산에 신장대를 꽂으니 그 곳에 떡시루가 놓이고 돼지머리가 놓이고 동네사람 줄줄이 모여 말로만 듣던 애기동자 신을 받아야했다.

신 춤을 추고나면 아프던 몸도 개운하고 모든 병이 물러간다는데 5일 동안 마음에 없는 춤을 추고 나니 몸살이 오고 움직이질 못할 정도로 다리는 알이 배었다. 사람들은 또 수군거린다. "춤추는 걸 보니 신 춤이 아니더라, 신 굿 하고 저렇게 아픈 것 보니 신들린 게 아닌가보다." 그러나 더 이상 대안이 없다. 속세를 떠나는 수밖에는 계룡산 신웅암, 태평암, 신원사로,

."인생이란" 물음표를 찍고 사내는 고민을 한다. 도대체 왜 태어나서 왜 살며 왜 신 굿을 해야만 했고 왜 산에 와 있는가? 풀리지 않는 수수께끼들은 잠 못 이루는 밤, 허공을 치게 했고, 산야를 헤매게 했고, 무릎을 꿇게 했다. 사내의 뜻과는 전혀 상관없는 산 속 생활이란 사냥꾼의 덫에 걸린 짐승의 몸부림이라 할까! 말 못할 사연 가슴에 안은 채 알지 못하는 신에게 대듦이라 할까!

괴성도 질러보고, 눈물도 흘려보고, 고독도 씹어보고, 무릎 꿇고 기도 하며 알지 못하는 신에게 애원도 했다.

사내는 이런 사연 그냥 가슴에 묻고 웃으며 가려 했는데, 병든 몸으로 사내를 기르신 엄마, 86세 노구를 안고 집 없는 신세로 오늘도 처조카 그늘에서 얹혀사는 엄마를 뵈러 추석명절이라고 버스를 타고 5시간 부산을 향해 달리다 보니 과거의 기억들이 하나하나 머리를 스쳐 가다가 인생의 전환점이 된 방송통신고등학교시절 친구의 소개로 만난 "천사 이야기"에 모든 생각이 고정 되고 그 날을 기억하며 다시 한 번 되새겨보고 있다.

사내를 반기는 이는 이 세상엔 없을 줄 알았는데, 연애라는 걸 평

생 못 해볼 줄 알았는데 이 세상에 사는 동안 결혼이라는 걸 못하고 살 줄 알았는데, 병든 몸에 가진 것 아무 것도 없는 사내를 사랑하는 사람이 나타나리라고는 꿈에도 생각 못했는데, 공무원 시절에도 좋지 않은 소문이 꼬리를 물고 다녔다. 집안이 안 좋은 사람, 엄마가 둘인 사람 애기동자 신 받은 사람 가난한 사람 언제 어떻게 될지 모르는 사람 건강이 안 좋아 군대도 못간 사람 시간만 있으면 절에 가는 사람 돈을 모르는 사람 미쳤던 사람, 사내를 아는 사람이라면 이런 사람에게 누가 딸을 주며, 누가 사랑을 하며, 누가 청혼을 하겠는가! 그러니 사내의 친구는 고독이요 술이요 공부요 시간만 나면 절간에 가서 염불이라, 속세에 나왔으나 기댈 곳 없는 세상, 이상한 눈으로 바라보는 세상, 그러나 이런 속에서도 잘 해주는 친구가 하나 있었다.

초등학교 여자 동창인데 사내와 공무원 시험도 같이 보고 같은 부서에서 근무하게 되어 서로는 친했다. 극장도 같이 가고, 도시락 싸오면 숙직실에서 밥도 같이 먹고 놀러도 다니며 사내와 가장 친한 사람이 있었다면 사내를 너무 잘 아는 초등학교 동창 그 애였다. 사내는 어느 순간에 그 애를 사랑 했는지 모른다. 그러나 사랑이 자꾸만 자랄 때면 어두운 그림자 같은 것이 사내를 짓누르다 보니 지금 생각해보면 사내의 그런 행동이 그 애를 괴롭혔나 보다. 자존심이 상할 때면 이해 못하고 자기 비하라 할까? 자격지심이라 할까? 넘을 수 없는 산에 부딪친 것 같을 때면 사랑이 미움으로 변했는지 도무지 이해 못할 사람으로 변했나보다. 모두가 이상한 눈으로 보다보니 진짜 그런 사람으로 변해있는 자신을 발견하게 된 계기가 바로 그 애랑 같이 있던 풋내기 공무원 시절이지 안았나 생각한다.

이렇게 아물지 않은 상처는 다른 상처를 낳고 낳아 술이 친구가 된 사내, 어디에도 마음 둘 곳 없어 산으로만 가는 사내는 유일한 낙인 방송통신 고등학교 한 달에 두 번 가는 시간에 위로를 받고 살았다. 그 중에서는 사내가 가장 멋있는 학생이었으니까 말이다.

방송통신고등학교는 같은 반 학생의 직업도 천차만별이요, 나이도 아버지 같은 분이 있는가 하면 막내 동생 보다 어린 학생들도 있다. 모두가 돈 없어 학업기회를 놓친 사람들이다.

사내는 학벌은 없었어도 7급 공무원(25세)이었기에 모두는 사내를 이상한 사람으로 생각했다. 학벌도 없는데 어떻게 공무원이냐? 혹시 임시직원 아니냐? 선생님들도 이상히 생각했다. 그러나 사내는 당당히 공채에 합격해서 공무원에 임용 됐으나 학업을 포기한 것이 아쉬워 방송통신고등학교를 다니는 것을 안 사내보다 한 살 많은 친구가 있었는데 그 친구가 여자 친구를 소개 시켜 준다는 것이었다. 듣던 중반가운소리로 그에게 술을 사고, 밥을 사주었다.

왜? 아는 사람치고는 사내에게 여자를 소개 시켜 줄 사람도 없고, 시집 올 사람도 없고, 연애할 사람도 없다는 사실을 너무 잘 아는 사내였기 때문이다. 세상사 어느 것 하나 내세울 것이 없었던 사내는 마음이 설렜다고 할까!

25년을 사는 동안 여자 친구라고는 학창시절 짝사랑을 잠깐 넘다가 헤어진 여학생과 공무원시절 같이 근무 했던 초등학교 동창 여자 친구가 전부 이었던 것 같다. 그러나 그 마저도 친구의 선을 넘지 못하고 만 것이 사내의 연애경력이라 할까!

어려서는 매우 활동적인 사내였는데 가정환경으로 말미암아 주눅이 들기 시작하더니 사람 앞에 서길 싫어하는 사람, 더군다나 여자들 앞에서는 기를 못 펴고, 말도 못하는 사람이 되었다. 심지어는 얼마나 주눅이 들어 살았는지 사내를 좇아 다니는 여학생이 있었는데도 무섭다고 할까, 잘못하면 사내 아버지 같이 된다고 할까! 하는 생각에 도망 다녔다.

그렇게 살던 사내는 술주정꾼이 되어 주정하면서도 기죽어 살던 어린 시절로 인하여 노래한번 해보질 못하고 자라 자천, 타천 음치로 젓가락장단 한번 맞춰보질 못하고, 노래하는 곳에는 근처도 가질 않고 살았다. 사내는 지금도 흘러간 노래 한 구절을 못 부르는 음치 아닌 음치로 살고 있다.

여자 친구를 소개해준다던 친구는 점심시간 술 한 잔하며 이야기한다. 자기가 나가는 교회에 아주 예쁜 아가씨가 있는데 자기가 수 없이 접근해도 눈길 한번 주질 않고 하는 소리가 "난 너무 가난하게 살았기 때문에 공무원에게 시집을 가겠다."고 하므로 자기로서는 어찌 해볼 수 없었는데 친구정도면 가능하겠다고한다. 공무원이지, 잘 생겼지, 자기가 보기에는 잘 될 것 같다고 하기에 토요일 오후 천안 터미널 앞 지하다방 "맘모스"로 갔다. 2시가 되기까지 기다리는데 여자 앞에만 서면 기가 죽던 내가 어찌 그리 그날은 당당하던지, 친구와 소개받은 여자 친구가 같이 왔다. 그러나 걸어 들어오는 모습 한 번 처다 보고는 사내는 말이 없었다. 이름도, 나이도, 직업도 아무 것도 묻지 않았다. 사내가 생각했던 그런 여인이 아니었던 것이다. 2시에 만나 점심식사를 하기로 했던 사내는 갑자기 일어나더니 친구에게 "술 마시러 가자" 하며 일어선다. 그러나 여자 친구는 당황하지도 않고 사내 뒤를 따라 술집까지 간다. 교회 다닌다는 친구와 여자 친구는 빈속에 술을 마신 사내의 주정을 다 받으며 밤8시까지 점심도 저녁도 못 먹은 채 사내의 주정을 밥으로 마른안주를 반찬삼아 먹고 있다. 친구의 소개로 선보러 나온 여자 친구는 안중에도 없고, 말 한마디 건네지 않은 채 자기 말만 하고 있다. 자기 과거사 비하 발언이었으리라는 짐작 외에는 사내는 26년이 지난 아직도 그 때 무슨 말을 지껄였는지 모르고 있다. 사내는 자기밖에 모르는 안하무인이었나 보다.

시간이 흘러 공주로 가는 8:30분 막차 시간이 다가오고 있었다. 그때까지도 사내는 여자 친구에게는 아무 관심이 없었는지 다음 약속을 정하지도 않고 목례만 한 채 일어선다. 자기의 이상형이 아니기에 사내는 무척 실망했었나 보다. 술집에서 나와 바로 앞이 터미널인데 사내는 갑자기 바깥 공기를 쐬니 술기운이 올랐나보다. 인도 앞 가로수를 붙잡고 사정을 한다. 몸을 가누질 못한다. 구역질을 하며 주정뱅이의 추태는 있는 대로 다부리고 있다. 이런 상태로는 막차 타고 집에 가기가 어렵다고 느꼈는지 사내는 바로 앞

2층 다방으로 기어서 올라가 소파에 드러누워 의식을 잃었다. 시간이 얼마를 흘렀는지 무슨 추태를 부렸는지 아무 것도 모르는 채 그렇게 누워 있던 사내를 흔들어 깨우는 이가 있었다. 바로 그 여자 친구였다.

그의 손에는 술 깨는 약 두 알과 드링크제 한 병이 들려 있었다. 그녀는 사내 입에 약을 넣어주며 드링크제를 따 주었다. 그 것을 받아먹고 나서 사내는 그녀를 뚫어져라 쳐다보고 있었다. 그리고 중얼거린다. "이런 추태를 부렸는데......, 천사, 천사, 천사" 그 후 무슨 결심을 했는지 몸가짐을 바로하고 사내는 그녀의 집이 어디냐고 그 때서야 묻는다. 전화번호를 달라고 사정한다. 그녀는 일언반구 묻지도 않고 가르쳐 준다. 천안시 봉명동...... 사내는 혼자 또 중얼거린다. "난 저 여자랑 반드시 결혼하고 말테야!" 사내의 눈에는 무엇인가 결심한 듯 빛나고 있었다. 술 취한 사내 눈에 잠시 머물다 간 천사! 사내의 생각 마인드를 확 바꿔 버린 천사! 오늘까지 안 좋은 추억들 속에 묻혀 기를 펴지 못하고 살았던 사내에게 기를 불어넣어준 천사! 사내를 만난 순간부터 무슨 말이든 '아니요'가 없는 언제나 '예'만하는 천사! 언제나 사내를 동정의 눈으로 바라보는 천사! 그는 그 기억, 또렷이 보았던 천사의 모습을 지금도 잊지 않고 있다.

힘들고 치쳐 있을 때면 그 때 나타났던 그 천사를 떠올린다. 이 천사가 지금 사내와 살고 있는 그의 아내이다. 사내는 그 때 그 기억을 떠올리면서 지금의 아내를 다시금 바라본다. 사람들은 왜 싸우는지 모르겠다고 바보 같은 말을 하는 여인! 결혼 생활 26년 동안 다퉈 본 기억이 별로 없다고 고백하는 그 여인! 사내가 화내면 스펀지가 되어 화를 흡수해버려 사내를 웃게 하는 여인! 사내 말이라면 팥으로 메주를 쑨다 해도 믿어주는 여인! 사내의 요구라면 언제 어디서든 다 들어주려고 노력하는 여인! 사내가 건강이 좋지 않아 누워 있을 때 남자 일까지 다 하면서 산 여인!

사내는 지금도 가끔은 그때의 추억을 떠 올리면서 그 때 왜 다방에서, 술집에서 가지 않고 끝까지 기다렸느냐고 물어본다. 그의 대답은 언제나 한 가지"나 아니면 이 세상 못살 사람 같아서, 너무 불쌍해서, 밥은 굶기지 않을 사람 것 같아서......"

추석을 맞이해 모두 고향으로 가고 아무도 없는 산에서 아련한 추억을 떠 올리며 사내는 "천사 이야기"를 풀어내고 있다. 사내는 여자 친구와 두 번째 만나는 날, 극장엘 갔다. 제목은 기억이 나질 않지만 아버지가 이혼하고 새엄마 밑에서 살아가는 남자애를 친엄마가 등하교 길에 뒤에서 울면서 따라다니는 영화였다. 자기 자식이지만 자식에게 상처가 될까봐 보고플 때면 숨어서 슬며시 바라보고 울면서 뒤돌아서다가 자식이랑 마주쳐 서로를 확인하고는 부둥켜안고 우는 영화였다. 이 영화를 보던 마음이 여린 사내는 옆을 의식하지 않은 채 영화에 취했는지 펑펑 눈물을 쏟아내고 있다. 그리고는 영화가 끝난 후 이제까지 말 못할 사연들을 숨김없이 천사에게 쏟아 냈다. 사내의 과거를. 영화 속에서는 모자가 부둥켜 앉고 울었지만 극장 2층 아무도 없는 구석에서 영화는 끝났는데도 부둥켜 앉고 그칠 줄 모르고 울음을 우는 천사와 사내, 그들은 잡은 손을 놓지 않았다. 서로를 확인하는 시간이었다.

사내의 과거사를 다 듣고 난 천사는 말주변도 없으면서 가족 이야기부터 자기가 살아온 이야기를 풀어 놓았다. 6남매 4째 딸로 태어나서 14살에 성냥공장에 들어가서 일하던 이야기, 돈을 더 준다기에 전자부품 만드는 공장에서 일하던 이야기, 16세 어린나이에 충남방적공장에 들어가 36도 되는 먼지가 펄펄 날리는 환경에서 10년간 일하며 가족을 먹여 살리고 동생들 공부시킨 이야기, 월급타서 모두다 엄마 갖다 주면 엄마가 5천원 용돈 주셔서 그 돈을 아끼고 아꼈다가 다시 엄마 갖다 줬다는 이야기, 혼기가 찼는데 번 돈은 가정살림에 다 써버리고 퇴직금으로 받은 조금의 돈 외에는 결혼할 돈이 없다는 이야기, 어렸을 적에 단칸 셋방에서 엄마, 아버지 6남매 8식구가 이불 하나에 지그재그로 발만 넣고 잤다는 이야기, 엄마가 팥죽 장사를 하셨는데 동이를 이고 가다 넘어져서 동이가 깨져 팥죽을 다 엎지르고 나서 울었다는 이야기, 남들은 다 중학교에 가는데 공장으로 가서 일하면서도 중학교가 가고 싶어서 방적공장 다니면서 19살에 중학교에 들어가서 26세에 고등학교 과정을 마치고 나니 공무원에게 시집을 가서 잠 좀 실컷 자고 사는 게 소원이었다고 고백하며 그래서 사내가 공무원이라기에 밥은 굶기지 않고 편히 잠은 자겠구나 싶어서 사내 곁을 떠나지 않았다는 이야기를 들으며 서로가 불쌍해서 울었다. 그리고 마주 잡은 손 놓을 줄을 모르고 천사는 사내를 만났고, 사내는 천사를 만나 영원을 약속했다.

천사는 사내의 상처를 감쌀 수 있는 그 어느 누구에게도 없는 손이 있었고, 사내는 천사를 편히 쉬게 할 수 있는 감성이 풍부한 가슴이 있었다. 서로는 물고기가 물을 만난 듯, 죄수가 수갑을 풀고 감옥 문을 나온 듯, 서로를 위하며 살았다. 서로가 없으면 죽고 못 사는 그런 사랑이 아닌 서로를 불쌍히 여기며 서로를 위해 살고자 하는 긍휼과 동정어린 눈이 빛나고 있었다. 그러므로 사내와 천사 사이에는 서로가 잘해주고자 타투는 일은 있어도 서로의 이기심을 채우기 위해 싸운 일은 한 번도 없다. 서로가 서로를 보면 살아온 과정이 기가 막히기에 사랑 받고자하는 이기적인 사랑싸움은 안중에도 없다.

사내에게 싸운 기억을 말하라고 하면 있다고 대답한다. 신혼 초, 생일에 깜작 쇼로 기쁘게 해주려고 화장품을 사가지고 갔다가 아내가하는 말 "나는 아모레 쓰는데 왜 주단학을 사왔냐!" 이 한 마디에 쇼크를 받아 화장품을 들고 집을 나왔던 일, 결혼기념일에 옷을 사 가지고 들어갔는데 몸 사이즈를 모르는 관계로 원피스가 안 맞으므로 "다시는 혼자 옷 사지 말라"고 아내 한 소리에 낚싯대 들고 저수지로 가서 밤새운 일이 고작이다. 우선 맞든 안 맞든 고맙다고 한 후에 하루라도 지나서 나는 아모레 화장품을 쓴다고 했으면 이런 싸움도 없었을 텐데 하는 아쉬움이 있다. 서로에게 어떻게 해서든 잘 해주고자 26년이란 세월을 노력하며 산 것 같다. 지금도 사내는 그 때 그 기억을 잊지 않고 둘이 있을 때면 하루에도 몇 번씩 사랑한다고 고백하며 살수록 정이 드는 아내를 천사라 믿고 살고 있다. 서로가 헤어져 하루라도 지낼 것 같으면 전화로라도 기도하고 서로를 느끼며 잠드는 부부생활, 이 세상 흠이 없는 사람 누가 있겠는가! 그러나 어느 누구에게도 아내와 남편, 서로는 흠이 보이지 않는 가정생활을 하고 있다.

사내는 아내와 같이 살면서도 거의 매일 만날 때 마다 아내에게 사랑을 표시한다. "여보 이리 와봐" 하고 손이라도 잡아주고, "여보 사랑해!" 하며 안아주고 그러면 아내는 열 번에 한번쯤 "나두" 라고 고백하지만 그 마음만은 변치 않는 천사라 하면 누가 비웃을까. 가난하게 불쌍하게 태어난 것도 억울한데 서로가 위해주지 못한다면 참으로 이 세상사는 자체가 비극이요, 지옥이리라. ❦

오재연

충남 공주 출생, 경북 울진 거주

국보문학 시 부문 신인상 수상

국보문학 운영위원

한국국보문인협회 경북지회장

현)농업, 산속에서 20년동안 유기농 및 천연치료법

늙음의 아름다움

이진영

동창들과의 모임인 월요포럼이 끝나면 그곳에서 가까운 인사동 골목을 헤집고 다니는 것이 습관처럼 되어버렸다. 골목마다 넘실거리는 젊은이들과 그들의 낭랑한 목소리에 묻혀버리면서 옛 선인들의 손때 묻은 골동품이 진열된 거리이라던가, 뭇 예술인들의 작품이 곱게 단장한 전시장으로 나를 유혹하는 것이다. 오늘도 예외 없이 어느 갤러리로 향하는데 늘씬하게 뻗은 청동 나상의 여인이 출입구에서부터 나를 반긴다. 방으로 들어가니 보리밭을 배경으로 육감적인 여인이 음모까지 노출한 채 태연하게 누워 있다. 실물의 여인들이 이런 자세로 있었다면 민망해서라도 이렇게 오래 보고 있지는 못하리라. 헤어지기 섭섭하지만 다음 방이 있으니 발길을 옮길 수밖에…….

언뜻 보면 사진 같기도 한 무채색의 두 폭 연잎 그림 앞에서 멈추어 섰다. 앙상한 연잎 줄기 끝에는 검버섯처럼 피어난 무늬의 연잎이 화폭을 압도하는 그림이다. 그 아름다운 연꽃이나 연잎은 어디에 두고 하필이면 다 시들어버린 잎을 그렸을까? 그것도 천연의 색채로 그려진 모습이 아니요 흑백으로 말이다. 나처럼 문외한의 안목으로는 단순화법으로 처리한 그림이요 어딘지 허한 구상으로 그려진 것 같기도 하다. 적어도 그 옆에 작가의 해설을 보기 전까지는 말이다. '화려한 꽃잎도 아닌 어둡고 말라가는 시든 연잎에서 연이 보여주는 특별한 아름다움이 색다른 느낌으로 다가왔다. 세월의 풍상으로 바람 때문에 상처 나고 말라가는 연잎의 모습, 이들

연잎이 한여름 뽐내던 꽃들보다 아름다운 것은 한창때의 모습으로 아름답지만 그 아름다움을 알지 못하기에 그 시절이 지나간 지금의 시든 연잎에서야 스스로 아름답다고 깨우치는 순간 진정 아름답다 할 수 있다.' 그림설명은 그랬다.

깨닫지 못했던 젊은 시절에서의 아름다움을 일 깨워주는 그림이라한다. 무수한 점, 점들이 연결되어 선이 되었다는 것이 기하학의 이론이라면, 무수한 점점의 세월이 합성되어 만들어진 얼굴 한복판의 주름과 검버섯도 그 뒤안길에는 수많은 우여곡절로 뒤엉긴 세월의 굴곡이 있지 않았던가? 그 옛날의 아름다움이 점점마다 각인되어 연결된 지금은 또 다른 아름다움으로 피어나고 있다는 뜻일까?

빠른 속도로 노령화 사회로 되어간다는 매스미디어의 지적이 아니더라도 어디를 가나 노인들로 넘쳐난다. 내 스스로가 손자를 두었으니 이제는 꼼짝없는 할아버지임이 틀림없다. 교회에서나 동네에서나 연장자 그룹으로 분류되어 어른대접을 받으며 생활하는 게 어느새 익숙해져 버렸다. 고궁을 가나 유적지를 가나 전철을 탈 적에도 우대를 받고 다니니 부담이 없어 좋기는 하다. 그러나 그 때 뿐이다. 젊음을 다시 찾을 수 있다면 그까짓 돈이 문제이랴.

우리보다 더 나이가 많은 어른들이 있는 곳으로 봉사활동을 나가보기도 한다. 봉사라 해야 매월 한번 양로원에서 노인들과 두어 시간 남짓 놀아주는 것이 고작이나 이 시간이나마 그네들이 기다린다는 원장 이야기를 듣노라면 가슴이 짠하여 온다. 색종이 꽃도 같이 만들어보고 노래도 함께 부르면서 서로 주고받는 이야기에는 화려했던 옛날의 그리움으로 가득하다. 시들어버린 꽃묶음에서 반짝하는 이슬이 맺히듯 눈시울이 진득하게 젖어온다.

몇 해 전부터 호수문화대학이라는 노인대학을 기웃거렸다. 아내의 권유도 있고 해서 율동도 하고 그림도 배우고 컴퓨터도 좀 더 알고 싶어 소집 일에 나갔더니 강당 안은 발 디딜 틈도 없이 노인들로 가득하다. 나처럼 젊은 노인이 있는 가하면 자신의 몸 추스르기도 힘겨워하는 노인들도 눈에 띈다. 비록 몸은 노쇠하지만 무엇인가 배우고 싶어 하는 마음이 이러하니 얼마나 아름다운 무리인가. 다른 것에 우선하여 미술반에 들어가 그림을 그려보고 싶다. 그 중 인물화를 그려보고 싶다. 가난한 서양미술가 중에는 모델료를 아끼려 자화상을 그렸다지만, 늙어가는 자화상 속에서 늙음의 아름다움이 어디쯤인지 찾아보고 싶다.

요즈음은 글쓰기로 좀 더 분주해졌다. 국보문학에 등단 후 글 올릴 기회가 많아진 것이다. 아마추어 작가지만 어느 날 문학계에 별로 떠오를지도 모른다는 야무진 꿈을 갖고 산들 누가 뭐랄까? 호수문화대학 자서전반에서는 본인의 자서전을 집필할 기회가 주어졌다. 자료를 준비해 가며 지도교수 밑에서 글을 쓰고 있다. 그렇지 않아도 어느 땐가는 시작하여야 할 일이었기에 마침 잘 됐다 싶다. 본인의 과거사라 할지라도 주관적인 글이 되지 않을까 하는 우려가 없지 않았으나 지도자가 있으니 든든한 마음으로 차근차근 써가려 한다. 젊고 발랄한 대학교수요 여성 지도자의 지휘 아래 공부 하는 분위기도 좋고, 자서전이라는 자체가 또한 좋은 글감이 아닌가. 나 자신의 옛날 일을 한 장면씩 사유해가며 책으로 정리해 둘 수 있으니 뽕도 따고 임도 보게 될 것이 아닌가.

얼마 전 온 국민이 존경하던 김수환 추기경님이 선종하였다. 선종하실 때까지 그의 아름다운 삶은 우리에게는 지표요 희망이었다. 그렇게 늙어가고 또 그렇게 세상에 큰 발자취를 남기고 떠나기는 쉽지 않은 일이기에 그 빈자리가 너무나 크다. 거룩한 성자의 모습보다는 이웃의 아저씨로 어린이들의 할아버지로의 역할을 소중하게 생각했던 소시민의 모습, 그래서인지 그를 잃은 상실감은 더욱 우리를 아프게 한다. 그러나 한편, 늙음의 아름다움이란 그가 생존에 있을 때보다도 떠나고서 더욱 아름다운 꽃으로 피어날 것이다. 뭇사람들의 마음깊이 새겨진 그의 발자취가 그들의 삶 속에서 환하게 피어나는 아름다운 꽃으로 말이다.

그렇다면 나의 마지막은 어떤 모습일까 궁금하다. 피부가 죽어 남겨 놓음이 무엇이 있을까 마는 적어도 남에게 손가락질 받지 않는 그런 모습으로 떠났으면 좋겠다. 그렇게 되려면 이제부터라도 남들과 장벽을 쌓는 일은 피해야 하겠고 만나는 이마다 사랑으로 대해야 옳을 것이다. 아름다운 일을 못하더라도 헛된 시간을 헤집고 다니는 일은 피하자. 어영부영 시간을 허비할 만큼 인생은 결코 긴 것이 아니다. 자손들에게나마 좋은 글이라도 남겨두고 떠나는 것이 도리일 것 같기도 하기에 더욱 그렇다. ❦

이진영

경기도 일산 거주

전)미 8군 근무

국보문학 수필부문 신인상 수상

김미옥의 세상하는 이야기 필진

주택관리사 근무

키위

명익찬

그날은 오전에 비가 한차례 뿌리고 지나간 뒤라 거리가 깨끗했다. 하늘이 파란색의 제 본래 빛깔로 세상을 뒤덮고 있었고, 제멋대로 자란 크고 작은 수목들이 선명하게 자리를 지키고 있었다. 사진 찍기 딱 좋은 그런 날씨였다.

우리 일행은 가볍게 살갗을 간지르는 바람을 맞으며 걷다가 동굴처럼 만들어진 구조물과 만났다. 당최 동물원에 마땅히 있어야 할 건물은 아닌 듯싶었다. 하지만 처음 입구에 들어선 순간부터 어차피 우리들의 예상을 무너뜨린 동물원이 아니었던가. 무슨 동물원이 수목원처럼, 숲속 같은 착각을 불러일으키기에 손색이 없을 정도로 수풀이 우거져 있었던 것이다. 상대적으로 동물을 볼 수 있는 우리는 띄엄띄엄 배치되어 있었다. 그리고 이번엔 도무지 안에 동물이 있을 것 같지 않은 정체불명의 건물과 맞닥뜨린 것이었다. 표지판엔 물론 영어로 쓰인 친절한 안내문이 있었지만 무시하고 안으로 들어갔다.

칠흑 같은 어둠이 우리를 기다리고 있었다. 잠시 후 어둠이 익숙해지자 커다란 유리막이 보였고 건너편에는 한밤중의 깊은 숲속이 영화관 스크린처럼 눈에 들어왔다. 와, 하는 탄성과 함께 여기저기서 두런거리는 소리가 들려왔다. 그건 드디어 그놈들을 만났다는 반가움의 소리였다. 키위. 나는 좀처럼 눈에 띄지 않는 그놈들을 찾기 위해 조금 더 인내심을 발휘해야 했다. 야행성이라 자연에서 그놈들을 관찰하기란 무척 어려운 일이었고 그래서 동물원에서조차도 그렇게 유난스런 그놈들만의 공간이 필요했던 것이었다. 그놈은 가시처럼 돋아난 갈색 깃털과 조그만 몸집에 어울리지 않게 긴 부리를 빼면 별로 신기할 것도 없는 새였다. 하나 색다른 점이라면 날개가 퇴화해서 명색이 새라지만 전혀 날 수 없다는 점이었다. 새는 당연히 날아야 한다고 생각했던 내 고정관념에 약간의 타격을 입힌 그런 놈이었다. 그래서인지 그놈의 모습은 초라하고 비참해 보였다. 바들바들 떨고 있는 것 같기도 했다. 그놈은 뉴질랜드 같은 고립된 섬에 살고 있기에 그나마 자연에서 여태껏 생존할 수 있었지, 다른 곳에서라면 벌써 도태되고 지구상에서 사라졌을 것이었다.

뉴질랜드의 동물원에서 그놈을 만나본 지 십 년도 훨씬 더 지났지만 요즘 그날의 조우를 떠올리게 된다. 기억력이 별로 신통치 않아 과거를 기억하는 일이 늘 고통스러운 내겐 다소 기이한 일이다. 어쩌면 지금의 내 모습이 날고 싶어도 날 수 없는 그놈의 꼬락서니와 닮았을지도 모른다는 불안감을 내 무의식 저편에서 충동질하고 있기 때문일지도 모를 일이다.

그놈은 아마도 외딴 섬에 갇혀 오랜 세월 동안 지내다 보니 자연히 날개가 퇴화되었을 것이다. 길고 뾰족한 부리를 가진 덕분에 땅위를 걸어 다니며 먹이를 찾는데 별 어려움이 없었고, 게다가 고립된 환경이다 보니 생존을 위협하는 맹금이나 맹수가 별로 없어 날아야 할 필요를 느끼지 못했을 것이다.

그놈은 오늘 문득 내 앞을 가로막고 서서 내게 질문을 한다.

"너도 나처럼 날개가 없지, 너도 날 수 없지?"

나는 새처럼 날고 싶었다. 인간으로 세상에 나와 유형의 날개는 비록 가지지 못했지만 그래도 훨훨 날아다니고 싶었다. 나를 억압하고 있는 것 같아 늘 가슴 답답하게 하는 부조리한 세상을 박차고 하늘 높이 날아오르고 싶었다. 저 높은 창공을 가득 채우고 있는 자유를 가슴이 터지도록 호흡하고 싶었다. 그건 상상만으로도 가슴 설레는 일이었다. 눈을 감으면 맑은 하늘에 햇볕이 하얗게 쏟아지고 바람처럼 가벼워진 나는 송골매처럼 양 날개를 활짝 펴고 들판과 산과 강을 지나 세상의 끝까지 날아가는 것이다.

하지만, 나는 오늘 그놈과 마찬가지로 날 수가 없음을 새삼 깨닫는다. 세월은 강물처럼 흘러서 내 몸을 무겁게 짓누르고 생활은 내가 날개를 갖추는 걸 더는 허락하지 않는다. 일상의 틀에 포로처럼 감금되어 하루하루를 소비하고 있을 뿐이다. 내가 예전에 얼마나 날고 싶어 했는지 잊어버린 채 나른한 오후의 게으른 오수를 즐기려는, 볼품없는 중년의 사나이로 전락하고 말았다.

그런데 이상한 건 날지도 못하고 그저 주둥이만 길쭉한 그놈을 뉴질랜드 사람들은 애지중지한다는 사실이었다. 그들은 그놈의 이름을 좇아 자신들을 키위라고 부른다. 이웃나라 호주에서 그들을 비하하는 뜻으로 키위라고 불러도 별로 개의치 않는다. 그놈이 뉴질랜드에서만 서식하는 희귀한 조류라서 자신들을 그놈과 동일시하는 것만은 아닌 것 같았다. 거기에는 그들이 찾아낸 그놈의 생존 철학이 숨겨져 있는 것이리라.

세상에서 가장 구석진 곳에서 외롭게 살아야 하는 운명을 순순히 받아들여서일까. 굳이 날아야 할 필요를 느끼지 못하는 그놈처럼 그들도 그렇게 살아가는 것에 익숙한 것 같았다. 처음에는 그런 그들을 이해하기 어려웠고 한심하다고 생각도 했었다. 하지만 그들은 날아오르는 걸 선택하는 대신에 자신들이 밟고 숨 쉬고 생활하는 땅을 지상에서 가장 아름다운 곳으로 만들어 놓았다. 그리고 자신들을 스스로 키위라고 부르며 자랑스러워하고 있다. 결코 꼭 폼나게 날아야만 되는 건 아니라고 비웃기라도 하듯이 말이다.

그래, 날지 못하면 어때, 꼭 날아야만 하는 건 아니야, 세상에는 창공을 멋지게 날아다니는 놈들만 있는 건 아니잖아. 그리고, 날지 못하는 모든 존재가 반드시 날고 싶어 하는 건 아니라고 생각해 본다. 비록 날지는 못하지만 어두운 숲속에서 긴 부리를 사용해 부지런히 벌레를 잡아먹고 있을 그놈의 모습을 상상해 본다.❦

명익찬

서울 출생, 서울 거주

한국외국어대학교 졸업

국보문학 소설부문 신인상 수상

찔레꽃 묘목을 옮겨 심으며

최윤환

토요일 오후. 장항선 하행열차 차창 너머의 철로변 경치는 커다란 화폭. 순간순간 다르게 묘사되고 뒤로 내몰리는 풍치에 시선을 빼앗겼다. 오랜 가뭄으로 풀과 나무가 제대로 크지 못하여 잎사귀는 앳된, 퍼런빛이었다. 여린 잎사귀가 바람에 흔들렸으나 내 경험으로는 5월 17일~18일 무렵이 신록의 절정기. 녹음이 짙은 계절의 여왕을 제대로 맞이하려면, 연한 잎사귀가 따스한 햇볕에 반짝거리려면, 봄날을 보내고서 초하의 절기를 더 기다려야 할 것 같았다.

'믈이 여깃다. 믈이 저깃다. 믈 믈 믈'. 이제 말문을 틔우는 아이가 차창에 이마를 대고 스쳐 가는 농촌 풍경의 무논(水畓)을 응시하며 제 나름대로 말을 어설프게 익히고 있었다. 자연풍광이 주는 화의(畵意)는 神의 경지인 아늑함.

일요일 아침. 농가 주변을 완보하며 소일하였다. 토요일 저녁까지 꽃봉오리를 꼭 오므려서 부끄러움에 떠는 소녀의 순치(脣齒) 같던 함박꽃이 하룻밤을 지내더니 무슨 마음이 변했는지 이튿날인 일요일(5월 14일)에는 활짝 피었다. 대갓집 마나님 같은 赤紫色의 큼직한 꽃잎은 열한 장으로 둘러싸이고 중앙 花心에는 암수술이 요염하게 햇볕을 수태하고 있었다. 주인아저씨를 기다렸음인가. 도회지에서 직장 생활을 하는 나로서는 활짝 피는 때를 몰랐는데 이번에야 알았다. 수년 전 함박꽃 뿌리를 잘라 노지에 이식하였건만 겨울철 한파로 얼어 죽어서 번식에 실패한 적이 있다.

양지바른 언덕 아래 잡석 틈새로 돈(돌)나물이 보글보글 무더기로 기어 올라서 소로를 오가는 촌 아낙네의 욕심을 동하고 있었다. 간단한 소채나물. 생즙을 보듬은 돈나물을 조금 뜯고 다듬어서 비닐봉지에 담았다. 뜯어낸 잔 뿌리는 반 평 크기의 빈 터에 묻어 두고 조롱이로 물을 뿌린 뒤 헌 비닐로 햇볕을 가려 주었다. 내년에는 순박한 이웃에게 나누어 줄 만큼 잘 번식될 것으로 믿고 싶었다. 돈나물은 봄철 야생화 전시장의 한 모퉁이를 차지하며, 키 큰 수목들이 드러낸 지면을 살짝 덮으며 소담한 꽃을 피우기도 한다.

화단 안 박토에서 사는 수선화는 아직도 잎줄기가 꼿꼿했다. 지난봄에 사무실로 가져 와 화원에서 퍼 담은 질 좋은 부엽토로 이식한 수선화는 이내 시들고 잎사귀가 말라버렸다. 이에 비하여 노지에서 제멋대로 뿌리박은 수선화는 아직도 싱싱했다. '환경과 여건이 좋다고 해서 항상 좋은 것은 아니다'는 것을 배운다. 이는 마치 심신이 허멀건한 도회지의 아이들에 견주어 시골 아이들은 얼마나 단단하던가를 깨우치곤 한다.

찔레는 넝쿨줄기에 날카로운 가시가 많은 들장미, 야생화, 樹高 2m의 낙엽관목이다. 가시가 細技에 촘촘히 박혀 무심코 접근하다가는 손 발 등을 긁히기가 십상이다. 찔레나무가 있으면 누구든지 피하려고 한다. 찔레나무에 근접하기가 어려우니 꺾거나 잘라내기를 덜 하였으니 자연스럽게 오래 살아 남을 터. 또 끈질긴 번식력과 생명력으로 자생하므로 散村 농촌의 빈 터 곳곳에서도 흔하다.

나는 찔레꽃이 풍기는 은은한 냄새를 좋아한다. 젊은 날 여고생 누이동생의 친구에게 품었던 풋정이 꽃향기처럼 기억의 한 모퉁이에 스며 있다. 이런저런 이유로 찔레꽃이 주는 여운을 간직하려 집 주변 빈 터에 찔레나무를 키우기로 마음을 먹었다. 찔레나무를 키우는 데에는 돈이 들지 않거니와 또 화훼작물 재배기술이 필요하지 않았다. 단지 새순을 꺾어 모래땅에 묻어 두거나 뿌리를 잘라 심어도 금세 실뿌리가 달려서 좋았다. 이런 이유로 남들이 등한시하는 순박한 토종 꽃을 취미로 조금씩 키우고 싶었다. 소박한 크기의 앙증맞은 자태와 신선한 향기는 내 정서에도 맞기에.

찔레 묘목을 캐어 화단 한 구석에 옮겨 심었다. 흑장미 곁에 심어

놓고 각목을 도끼로 때려 박아 지주를 세워 새순이 감아올라가도록 했다. 꽃봉오리가 올라오는 것을 보니 조만간 오엽의 꽃잎을 볼 수 있을 것 같았다. 붉은 찔레나무를 마당가에 심은 뜻은 봄철에 노모의 눈을 잠깐 즐겁게 해 드리고 싶었다. 그러나 노모는 '잘못 심었다'고 못마땅해 하셨다. 당신이 직접 심어서 키우고 있는 수령 십 년이 안 되는 호두나무 바로 옆에 심었으니 찔레꽃 새 줄기가 감아 올라가면 호두나무 새순이 다칠까 하는 노파심. 당신이 이 집에서 오래 살았다는 증표로 은행나무와 호두나무 각각 한 그루를 남겨 둔다는 나무였다. 잘 키우면 열매를 후손들이 먹으리라면서 언제인가 유언 비슷한 말씀을 남기며, 애지중지하던 나무였다. 찔레꽃이 지면 樹形을 다듬어서 키를 낮추어 키울 심산이며, 올가을에 다른 곳으로 이식할 계획이라고 말씀드려도 노모는 심기가 불편한 모양.

노모가 지난봄 길섶에 옮겨 심은 찔레 묘목은 말라 비틀어졌어도 근근이 살아 있었다. 마치 당신의 모습인 양. 하도 보잘 것 없어서 자생한 줄 알았더니 찔레꽃을 좋아하는 아들을 생각해서 힘들게 옮겨 심었다는 노모의 마음을 헤아려 보았다. 고향이 있고, 노모가 계시고, 자연과 더불어 사는 내가 '가진 게 많구나' 하는 생각이 문득 들었다. ❦

2002년 5월 25일 씀

최윤환

충남 보령 출생 , 서울거주

한국국보문학 수필부문 신인상 수상

국보문학 창작작품상(수필부문) 수상 (2008)

현) 국가공무원(국방부)

한국국보문인협회 수필분과 이사

詩·Ⅳ
Poem

신동인

김원금

고송(孤松)

이홍규

박재용

고드름

선도 신동인

기나긴 밤 동지섣달
하얀 밤 지새우며
백설 뒤덮은 세상

돌아올 수 없는 님 그리며
퉁퉁 부어 길게 늘어진
셀 수 없는 정 묻어두고
꽁꽁 얼어붙었다

햇살 길게 내려와
문풍지 울리니
님 오실 길 열리려나
문고리 연방 춤춘다

애처로이 흐르는 시간 따라
햇살 서산마루 올라서니
눈물 떨어지는 소리 소낙비로다

밤새 참았던 눈물
폭포수 되어 흐르다말고
그대로 얼어붙는구나

대숲에 이는

대숲에 이는 바람에도
소식은 아니 오고

얼음 녹아 흐르는 물소리
저만치 홀로 가네

바위에 온기 내려
꽃은 피었지만

이 내 마음
허공 가득하구나

텅 빈 마음

가을걷이 끝난 들녘
백설 뒤덮으니
텅 빈 하얀 세상
내 가슴 끝없이 넓어지누나

포근한 솜털 위로
나뒹구는 삽살강아지
좋아라 안마당 바깥마당 좁다하고
들녘 마당처럼 뛰어 다닌다

하얀 입김 피워 올리며
하늘만큼 넓어진 텅 빈 세상에
색색으로 만들어진 방패연
하늘을 수놓는구나

신동인
충북 음성 출생, 서울 거주
백두산문학 시부문 신인상 수상
충북대 졸업
전)대한적십자사 서울동부혈액원장
전)대한적십자사 특수복지사업본부장
현)대한적십자사 교수(국방대학교 교육파견)

순대 골목

김원금

오일장마다
북적대는 순대 골목엔
시장기를 채우려는
장을 보러 나온 사람들 가득하다

비좁은 의자에
옹기종기 둘러앉아
순대 한 접시 시켜 놓고
맑은 술로 컬컬한 목 축인다

한 잔 술 부어 마시며
하루의 애환을 삼키고
속이 꽉 찬 쫄깃한 순대 한 덩이로
삶의 시름 달래 본다

맛깔스런 육수국물 위로
아롱거리며 넘실넘실 피어오르는
하얀 수증기처럼
시장 골목 사람들의 희망도
모락모락 피어오른다

그대가 좋은 이유

어눌하지만
있는 그대로 꾸밈없이 보여주는
그대가 참 좋았습니다

유창한 대화나
뛰어난 문장력은 아니더라도
진실하고 소박한
그대가 참 좋았습니다

어느 때는
철없는 아이처럼 행동을 해도
순수해 보이는 그 모습
부담 없이 편안한
그대가 참 좋았습니다

가끔
만나면 할 말 못해 머뭇거리다
얼굴 붉히며 부끄러움 담긴
순진함이 방긋 웃는
그대가 참 좋았습니다

오늘 같은 날
그대와 나
아름답게 핀 장미꽃 길을
향기로운 향을 나누어 맡으며
따듯한 손 꼭 잡고 걸어 보고 싶습니다

어머니

팔월이라 한가위
어머니는 이른 아침부터
음식장만 하시느라
마냥 분주하기만 하신 것 같아도
마음은 동구 밖을 향하고 계셨다

쑥 송편 한 석작 쪄서
평상에 내다 놓으시며
저 건너 신작로를 살펴보신다

많은 식구
흰 송편 한 석작 쪄서
평상에 내어 오시며
집 모퉁이에 서서 신작로를 바라보신다

해거름
찾아오지 않은 자식들이 야속해
"무정한 것 독한 것"
남몰래 훔치시던 눈물
오랜 기다림의 한숨 이었다

김원금
필명 : 만강
한맥문학 시 부문 신인상 등단
시와글사랑문인회 회원
텃밭문학회 회원, 국보문학 회원
공저 시집 "텃밭" 창간호

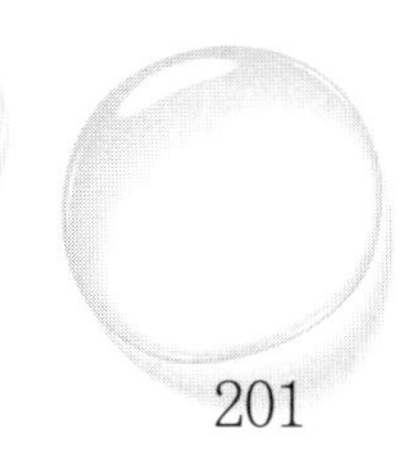

고송(孤松) 1

孤松

외롭다 혼자여서
그 이름 고송이여

스치는 바람결에 마음을 실어 봐도

제 갈 길
바쁜 날들이
남의 일을 논하랴

고독이 넘쳐나는 절벽에 홀로 서서

너른 들 아우르는
산바람 보듬으며

부러워
눈물 흘린들
영어(囹圄)의 몸 어쩌랴

고송(孤松) 2

눈 뜨면 바람 속에 감으면 구름 너머
죽장에 마혜 신은 김삿갓 머물던 곳
바람도 깃들지 않아 울먹이는 고송아

가거든 섧지 말고 잊었거든 그립지나
남겨진 앙금에서 돋아난 미련 줄기
해 저문 산기슭에 서서 저만 혼자 서럽네

청석골 천길 단애 칡넝쿨 부여잡고
긴 세월 홀로 지샌 고독한 소나무여
이른 봄 종다리소리 겨울잠을 깨우네

달그림자 짙은 밤

보름달 파르라니 절 마당 비추는 데

외로운 밤 새 소리
적막을 깨뜨리네.

손끝에
정성을 담아
달 그림자 밟는 밤

큰 스님 헛기침에 산바람 잠이 들면

정겹게 자박이는
발자국 소리 따라

해 묵은
솔잎 사이로
기웃대는 보름달

고송(孤松) ································

필명 : 고송(孤松)
1958년 무술(戊戌)생
한울문학 시 부문 등단(2006년)
아람문학 시 부문 등단(2006년)

내 마음 내어드리지

芝堂 이 흥 규

가만히 불어오는 실바람으로 다가와
흔들리는 나뭇잎의 몸부림으로
내 마음 내어드리지

창문에 아롱거리는 한 줌의 햇살
섬돌에 스며드는 따스함으로
내 마음 내어드리지

붉게 타오르는 노을이 지면
뜰에 내리는 잔잔한 어스름
용광로의 불길처럼 타오르다가도
그 불빛 스러지고 나면
사랑은 어차피
은은한 달빛 같은 것

귀뚜리 울어 예는 오늘 밤에도
둘이서 창가에 기대어 서면
지나간 날들의 먼 기억들
가슴에 고이는 애절한 방울

그대 항상 내 곁에 있어도
그리워하며 살아가는 우리의 사랑
청랑한 달빛 신선함으로
내 마음 내어드리지

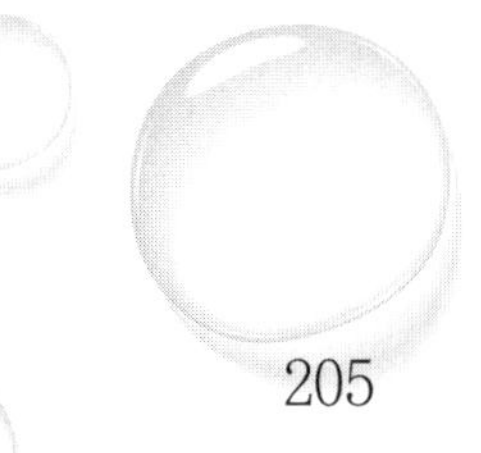

돌치기

구름이 깔려 잠든 강에
얼음 배 떴다.

겨울이 떠내려가는 물속
돌로 빙판을 내리치면
물살에 뺨 맞은 비단자락
하늘이 열리고 구름이 솟는다.

황홀한 기절
고요를 깬 요동에 뒤집힌 고기들을
멱살 잡아 주워담는 손
엉거주춤 죄도 모르고 묶인다.

열린 세상이 잡힌 세상
제 죄를 알고 갇힌 이
몇이나 되랴.

돌이 바람을 친다.
바람이 불을 친다.
불이 숲을 훑는다.
활활 타올라 사라지는
안타까운 세상

가을엔 떠난다.

나무의 땀내가 씨앗으로 뭉쳤다.
이별을 강요하는 숲 속에서
보듬어 안을 힘조차 겨운 나무들은
열매의 버둥거림을 끌어 잡지 못하고
떨
군
다.

제 스스로 자란 듯
꼬투리를 박차고 구르는
도토리, 상수리, 알밤
꽉 찬 알맹이를 떨쳐 보내고
허깨비만 남은 나무가 가엾다.

할 일 다 끝낸 잎사귀들은
바람에 흩날려 날아간다.
어디를 보아도 포근히 감싸 줄
잎파랑이 하나 찾아볼 수 없다.

빈손인들 아쉬울 게 없지만
그래도 떠나간 알맹이들
어디 포근한 부엽토에 묻혀
싹이나 제대로 틔울라나?
씨앗 역할 해 보지도 못하고
다람쥐 먹이나 될라나?

북녘의 찬바람에
휘파람 날리는 한겨울이
청승맞다.

이흥규 ································

호 ; 지당(芝堂)

한국문인협회 회원, 광주광역시 문인협회 시분과 회장,
광주시인협회 기획위원장
국제문화교류회 문화교육상 문학부문 수상, 교육부후원 새싹회
글짓기지도교사상 수상 광주전남 아동문학상 수상, 「우리문학」
시 추천 등단 전남 도민일보 신춘문예 소설 당선,
시집 ; 「달빛 낚기」 외 2권 상재

잃어버린 계절

박재용

제천행 무궁화호 기차는
차창 너머
조그만 간이역을 지나
가을걷이 끝난 텅 빈 들판을 훑고 지나간다

풍만한 여인의 강은 잘록한 허리를 만들고
가을 가뭄에 처참한 마른 가지들 사이로 거대한 물체는 달린다

산 능선 깎아 목제로 잘 지은 콘도는 산 자들의 무덤인가

숙소로 가는 갈림길에서 만난 산수유 열매는
빨간 구슬 꿰어 가지마다 걸어 놓고 우리 일행을 맞이한다

구절초, 쑥부쟁이, 코스모스, 곳곳에 앙증맞은 들꽃
잘 다듬어진 잔디 곁에 아기 쑥 저편에
무수히 떨어진 나뭇잎 잔해들 비웃 듯

한가롭게 누워 있던 수탉 날갯짓에 마른 먼지 날리는
11월(月) 계절은 신기루였다

기도

자명 소리
깊은 잠 깨워

몰래 들어 온 불빛 빌려
주섬주섬 옷 주워 입고
어두운 새벽녘 거리를 맞는다.

밤사이 내린 눈
살얼음 밟으니
뽀드득
입속 고드름 깨는 소리

폐 속 깊이 파고드는 찬바람
두 손 모아 옷깃 여미고
시린 콧등 감싼다.

대로변 가로등 아래 주저앉아
재활용 고르기에 손놀림 바쁜 등 굽은 할머니 위한
내면(內面)의 기도

멀리 보이던 자동차 불빛 급히 스쳐 갈 때
놀란 가슴 콩닥거린다.

목련화

애환 (哀歡)의 세월이 지나간 자리에
골 깊은 주름살
윤기 잃은
죽은 표피(表皮)는 가루눈 되어 내립니다.

숱 많던 검은 머리카락
하얀 꽃 되어 눈 시리고

목련 꽃처럼 단아한 그 모습
어디 한군데 찾아볼 수 없으니
틀니로 채워진 어머니 미소만 서럽습니다.

팔십을 훌쩍 넘어선 지금
영정사진 찍으시며
나그네 길 접는

어머니
지나온 세월이 엊그제 같은데

지금
여식도 두 형제 어미 되어
어머니 걸어오신 그 길을 밟고 있습니다.

올 1월 여윈 모습으로 여식 집 오셨을 때
마지막 효(孝)가 될까
두려웠는데

병중에 기력(氣力) 되찾고
환한 웃음으로 당신 집 가시던 날
목란 꽃도 피고 있었습니다.

나이 오십 넘은 여식이

아직도
어머니 곁에 더 머물고 싶은 심정은
가없는 어머니 사랑
잊지 못함입니다

만추

얼굴 없는 색소폰 소리
갈바람 깨워
갈대 숲 술렁

담장 넘어
핏빛 담쟁이넝쿨
마지막 혼(魂)의 흔적

반라(絆裸)의 청계천 물결 유유히 흐르고
채색 물감 저녁노을

만추의 그림자
밟고 지나간다.

가을 오후

강줄기 푸른 잎사귀 허리띠 두르고
말없이 흐르는 강물 위엔
강태공 번민의 낚싯대만
허공을 가른다

포도밭 사이로 작은 오두막
먹음직한 포도송이 유혹에
포도 한 박스 흥정하고
덤으로 받은 포도 한 송이

작은 가슴
비워가는 마음
무엇으로 채우는가

더 얻기 원함은 욕심이기에
하루 길 풍작이더라.

애환(哀歡)

무수히 달린 열기 품은 백열등(白熱燈) 아래
불빛 좇아 모여든 나방인간

남녀노소 삼삼오오 짝을 지어 앉아 있다
비좁은 통로에 즐비하게 놓여 있는 앉은뱅이 의자는
지나가는 길손의 걸음을 방해한다

여기저기
중년여인의 바쁜 손놀림에 노릇하게 부쳐진 명물 빈대떡은
서민들에게 빼놓을 수 없는 안줏거리

노란 양푼이 부딪치는 연주소리와
넘치는 후한 곡주(穀酒) 한잔에
고된 현실을 망각(忘却)하는
표정없는 얼굴 속에
목청 돋우는 사람
담소(談笑) 나누는 사람

서민의 애환(哀歡)이 널려 있는
어스름한 저녁나절
종로 5가 광장시장은 움직이고 있다

인생

저녁나절
밥 먹고 가자
친구는 말 하는데

명품가방 속 감춰진 손지갑
지폐보다 더 많은 동전들

망설임을 아는지
밥은 내가 살께
한다.

잘 차려진 식탁위에 놓인 반찬 한 점 입에 넣고
소여물 씹듯 씹어
목구멍에 밀어 넣어도 목젖에서 걸리고
보이지 않은 눈물 가슴속에 차오른다.

아물지 않은 I. M. F
혹독한 아픔 속에서 인생을 배우고 있다

길

하늘 창 열려
장대비 쏟아낸다

부딪치는 우산 사이로 양 어깨 적시고
바짓가랑이 흠뻑 젖어 휘 감기어
구두 속 질퍽거리며 물 장단 맞춘다

아득한 적막에 기대어
곱씹는 아픔을 느끼는
갈 곳 정함 없는
길에 서 있다

욕망(慾望)

당신은
내 마음의 보석상자

욕망(慾望)의 노예

애끓이다
소유하니 행복도 한순간
번민(煩悶)의 굴레만 무겁다

오솔길

울창한 숲 길 따라
외딴 오솔길
이름 모를 새들 지저귐
여치들도 질세라 울어대고

말없이 서 있는 청솔나무
길 벗 삼아 동행하는데

숨어 있던 까마귀
까~악
소리 내며 같이 가잖다

박재용
부산출생
서울거주
국보문학 회원
동인문집 '내 마음의 숲' 공저

隨筆 · III
Essay

김일제

송성원

45, 6년 전의 이야기(내 막냇동생)

김일제

나는 세상의 가장 소중한 존재입니다. 내가 없다면 거대한 이 우주도 그 의미에 빛을 잃고 말 것입니다. 또 내가 존재하지 않은 세상에는 나 외에 다른(他) 것의 의미도 없을 것은 당연합니다. 나를 벗어난 타(他)를 위해서 일하고 노력한다는 것은 나(我)의 존재가 있기 때문에 가능한 일일 듯합니다. 오늘 이렇게 나를 가지고 시작하는 의미는 내가 소중한 만큼 남을 소중히 생각하고 따라서 남의 일을 내일처럼 중요하게 생각하고 살아야 한다는 것을 말하고자 함입니다.

남의 일을 소중하게 해야 한다고 생각하게 된 것은, 국민학교 (그때는 지금의 초등학교가 국민학교이었으니까) 3-4학년쯤으로 거슬러 올라갑니다. 그렇다고 그때 느꼈던 것처럼 살지는 못했지만 늘 마음은 그런 생각을 품고 살았습니다.

결과야 어떻든 간에 내가 국민학교 3-4학년 때(11-12살)에는 참으로 가난한 시대였지요. 60년대 중반이었으니 당연합니다. 국가적으로도 어렵고 개인도 어려운 시기였습니다.월남에 간 우리들의 형님이나 삼촌을 그리며 백마부대용사들이라는 노래를 부르던 그런 시절입니다.

그 당시 우리 집은 충청북도에서도 가장 낙후한 시골 읍내에서도 10여리 떨어진 곳에서 살았습니다. 전기는커녕 호롱불을 켜던 등유도 충분하지 못하던 곳이었지요. 지금이야 그 마을 앞으로 고속도로도 나 있지만 말입니다. 아버지는 공무원이어서 읍내에 자전거를 타고 출근하셨지만, 집에는 삼촌들이랑 사촌들이랑 13-4명이 살고 있었습니다. 그 때 우리 아버지가 타고 다니는 자전거가 그 동네에서는 거의 유일한 것이었고 라디오도 우리 집에만 있었

던 것 같습니다. 그 자전거를 타고 다니시던 부친도 2006년 5월 말 70대 후반으로 저 세상으로 가셨으니 이미 모든 것이 옛날이야기입니다.

지금 이야기하고자 하는 것은 오래전부터 글로 남기고 싶었지만 마음속에만 남겨두었던 이야기입니다. 두고두고 곱씹고 내 마음을 지켜주던 그런 이야기입니다. 45, 6년간 소화를 시키고 있었다는 것이 더 정확할 것입니다. 그렇다고 비밀스러운 이야기는 더욱 아닙니다.

우리 집에는 부모님 슬하에 아들이 3명이 있었는데 나는 장남이고 밑으로 2명의 동생이 있었습니다. 3살 차이인 형제였는데 그때 막내는 5-6살 정도로 국민학교 입학 전의 아이였습니다.

그때는 자동차가 귀하던 시절이라서 택시나 트럭이 마을 앞을 지나가면 차를 구경하려고 동네 모든 아이들이 수십 명씩 우르르 몰려들던 시절입니다. 가을 어느 날 동내를 지나던 택시가 논두렁에 빠져 드러누웠습니다. 동네 아이들이 수십 명이 모여들 것은 당연했습니다. 의협심이 많던 나이 든 동내 형들이 그 차를 꺼내려고 했던 것이었지요. 수십 명이 달려들어서 차를 어지간히 도로 위로 밀어올렸던 것 같습니다. 그때 누가 외마디 비명을 질렀습니다. '택시 밑에 사람이 깔렸다!' 다급한 목소리에 모두 놀랐습니다. 나도 놀란 것은 마찬가지고 말입니다. 그래서 차를 다시 밀어 넣고서 사람을 급히 구했지요. 그런데 사람을 구해놓고 보니 참으로 놀란 것은 저였습니다. 아니 이게 웬일입니까? 그 차에 깔려서 구해낸 사람은 다름 아닌 우리 집 막냇동생 이었습니다. 얼마나 놀랐는지 모릅니다. 여기까지라면 언제나 있을 수가 있는 그런 이야기입니다. 제가 45, 6년간 가슴에 묻어두고 있었던 것은 다름이 아니고 차에 사람이 깔렸다는 다급한 목소리에도 난 후회 없을 정도로 모든 힘을 다하지 않고 그저 차를 미는 시늉만 한 사실입니다. 얼마나 양심의 가책을 어린 마음에 받았는지 모릅니다.

두고두고 후회하고 평생 내 교훈으로 삼고자 했습니다. 남의 일을 내일처럼 하고 살자 하고 말입니다. 그렇다고 뭐 잘한 일도 아닌 이야기를 하며 돌아다닐 일도 아니라서 그때부터 40여 년간 가슴에 담고 살았습니다. 지금까지 그 막냇동생에게도 하지 못 했습니다. (지금 그 막냇동생은 50대 초로 접어든 저명한 중견 한의학박사로 한의원을 경영하고 대학에 출강하면서 살고 있고 저는 50대 후반으로 머지않아 60대를 바라보며 열심히 살고 있습니다)

오늘 45, 6년 전의 이야기를 이렇게 하고 나니 참으로 기분이 홀가분합니다. 막냇동생의 한의원에 가면 이런 이야기를 차분히 해주고 한번 웃고 싶습니다.
언제나 남의 일을 내일처럼 그리고 남이 안 보는 곳에서 더 열심히 살아가겠다고 다짐하면서 살아가려고 노력하고 있습니다. 그 결과가 어떻든 간에 이제는 후회 없는 생을 살아갔으면 하는 바람을 가져봅니다. ❦

김일제(아호:월강月江) ••••••••••••••••••••••
충청북도 출생 청주고등학교 졸업 중앙대학교 법과대학 졸업
대한민국 ROTC 16기 복무, POSCO 외 직장생활
국보문인협회 소설분과 부회장. 중랑문인협회 회원.
국보문학에 소설 반전으로 소설가 등단
소설 냉막거리집 , 단편소설 거미손 면접관 아랫입술을 데인 남자 등

| 콩트 |

하얀 목련

송성원

그 때, 아파트에 살던 아내와는 달리, 그녀가 살던 방은 슈퍼가 있고 미장원을 낀 3층 양옥 꼭대기에 있었다. 초등학교 교사로 갓 부임한 아내와는 결혼을 미룬 채로 동거를 하고 있던 시절이었는데, 결혼식을 치르지 않았다고 해서 내가 아내로부터 자유로울 수 있는 몸은 물론 아니었다. 그럼에도 나는 아내의 방보다 그녀의 방을 더 자주 드나들었던 것이다.

그녀는 꼭대기 층 세 칸 방을 혼자 사용하고 있었다. 독신녀이면서도 굳이 3층 전체를 사용한 것은 아내가 근무하는 학교 학부형들의 눈을 피해 내가 드나들기에 용이하도록 배려한 섬세함(?) 때문이었다. 더욱 그 집은 계단을 밟고 올라가 3층 입구를 잠그면 누구도 근접할 수 없는 구조를 지녔었다. 단 하나 흠이라면 옥탑 방이 대개 그렇듯 침실 창문 아래로 성벽처럼 비어져 올라온 난간이 있었다. 그러나 이 난간을 타고 올라올 수 있는 사람은 밤손님 중에도 상당한 재주를 지닌 자라야 했다. 그러니 그녀의 집은 온전한 내 비밀의 성이었다.

그 해 4 월, 그녀 방에서 바라 본 길 건너 어느 집 정원에서 목련꽃이 피었는지는 알 수 없다. 다만 그날 밤에 그녀는 산란하는 연어처럼 유난히 보채며 내 품으로 파고들었다는 것만 또렷이 기억한다.

요란한 격정이 이별의 전조였을까. 나는 그녀의 분위기에 깊숙이 빨려들었다. 이윽고 막바지를 향해 치닫는 완숙한 여인의 몸에 미

끄러지듯 방사를 마친 나는, 이내 무상함에 젖어 깊은 잠에 쓸려 들었다.

얼마나 잤을까. 꿈결처럼 두드리는 소리가 들렸다. 한 번, 두 번, 세 번, 그 소리는 현관 쪽에서가 아니라 머리맡 창문 쪽이었다. 나는 환청처럼 들리는 소리를 쫓아 커튼을 젖혀보았다. 그러나 거기엔 칠흑 같은 어둠 뿐, 누구란 말인가. 이 한 밤중에 문을 두드린 사람은? 돌아서는 순간 전사의 진혼곡 같은 아릿한 슬픔의 소리가 내 영혼을 스쳤다.

〈당신이 왜 여기에 있어요.〉

그때서야 추레한 아내의 모습이 망막 속으로 들어왔다. 그 뿐, 난간을 딛고 선 아내의 추레한 모습은 사라졌다. 벌거벗은 남편의 몸을 각인 한 채 아내는 광기어린 무녀처럼 난간을 엉금엉금 기어 나갔던 것이다.

지금껏, 나는 아내에게 무슨 힘으로 그 난간을 올라와 기어 나갔는지를 묻지 않았다. ❦

| 짧은 수필 |

살며 생각하며 1

별이 지고 난 하늘이 우윳빛으로 열릴 때, 베란다에 쫓겨나 담배를 피웠어요. 아래를 내려다보면 날마다 차를 닦는 아낙이 있었습니다.

〈부질없는 짓, 만물은 진화와 퇴화의 연속이지 아니하냐.〉

아내가 새 차를 샀습니다. 날마다 아내도 걸레를 들고 나갔어요. 어느 날, 문을 열고 나가려는 아내의 손을 잡았습니다.

〈지나치구나 집착이 - 새것은 또 헌 것이 되고 하늘의 해도 마침내 사그라지지 않더냐.〉

한동안 멍하니 서있던 아내가 걸레를 던지고 총총히 조리대로 갔습니다. 주전자를 올리더니 예쁜 쟁반에 커피 두 잔을 받혀왔어요. 햇볕 스며드는 창가에 커피향기 그윽하였습니다.

〈어떠냐. 이 향기가 평화롭지 아니하냐.〉

맞은편에 앉은 아내가 화사하게 미소를 지었어요.

그렇습니다. 버리고 난 자리에는 다른 것이 또 들어오는 것 아니겠습니까. 집착을 버리면 미소를 지을 수 있듯이 미움을 버리면 사랑이, 증오를 버리면 연민이, 갈등을 버리면 화평이, 해가 사그라지고 나면 이부자리 같이 포근한 달이 차오릅니다려. ❦

| 시사칼럼 |

기러기 아빠의 죽음

전, 울산타임스 기자. 송성원 (본명:송염만)

오늘은 가을의 마지막 절기 상강, 계절이 물러서는 들녘엔 그루터기가 보인다. 이럴 때는 허허로운 들판을 쳐다보며 누구나 한번쯤 무상을 느끼곤 한다. 계절이 가져다주는 염세에 빠지면 우리는 또 쇼펜하우어를 떠올리지 않을 수 없다. 그는 인간의 삶을 70년으로 국한시키고 '죽으면 모든 것이 그만' 이라고 했다. 이 보다 더 인생을 함축한 말은 없다. 달리 말하면 생명은 유한하기 때문에 무상한 것이다. 그래서일까. 그 보다 먼저 살다 간 에피쿠로스는 '인간의 삶은 매 순간 행복해야 한다.' 라고 했다.

누가 일러 그 사회 백년대계는 교육에 있다. 라고 했으니, 틀린 말이 아니다. 그렇기 때문에 치맛바람이 드세었고 조기유학 바람이 불었다. 어린자녀를 낯선 땅에 보내놓고 편할 리가 없는 우리의 부모들은 어느 한쪽이 또 유학 뒷바라지를 위해 자녀 곁으로 떠날 수밖에 없다. 그야말로 생이별이며 자신들의 삶을 몽땅 자녀유학에 투자하는 것이다. 부모가 자녀에게 거는 기대는 예나 지금이나 다를 바가 없겠지만, 그렇다고 내일의 희망 때문에 오늘을 볼모로 삼을 수는 없다.

근간, 매스컴을 통해 비보가 전해졌다. 어느 50대 기러기 아빠의 죽음이 그것이다. 그는 매달 500여만 원의 돈을 타국에서 공부하는 자녀와 그 자녀를 돌보는 아내에게 송금하느라 자신은 단칸방에 옮겨 살아야 했다. 처자식이 이역만리로 떠나자 그는 지병을 얻었다. 돌봐주는 이는 고사하고 자신마저 병을 추스를 여유가 없었다. 자신이 운영하는 회사에서 타온 돈을 송금하고 집으로 돌아온

그는 고혈압으로 쓰러졌다. 죽은 후 닷새가 지나서야 발견된 그의 주검을 우리는 어떻게 상상해야 할까.

프로이드는 죽음을 잠자는 상태라 했다. 거기엔 무의식의 세계조차 흐르지 않는다. 그러니까 형이상학적 영혼은 존재하지 않는다는 것이다. 사랑하는 아내와 자식이 돌아와 슬피 통곡하고 진수성찬을 차려놓은들 무슨 소용이랴. 정작 자신은 무의식의 세계조차 흐르지 않으니 말이다. 내일을 위해 오늘을 몽땅 바쳐버린 이 삶에 신의 가호라도 있는가. 사랑하는 사람들을 위한 삶이란 우선 자신의 삶부터 챙겨야 하는 것이다. 이기적 삶이라 말할지 모르겠지만 하늘이 준, 명을 다하지 못하고 죽는다는 것은 슬픔과 불행을 사랑하는 이들에게 물려줄 뿐이다. 희생은 고귀한 것이나 맹목적 사랑이 가져다주는 위험에 빠져, 자칫 모든 것을 잃을 수가 있기에 하는 말이다.

바람이 차가워지며 둔덕에도 북데기가 쌓인다. 허허로운 들판, 계절이 물러서는 자리에는 '인간은 매 순간 행복해야 한다.' 라고 했던 에피쿠로스가 한 잔의 포도주를 들고 서 있다. 이 말을 각색하면 어제보다 중요한 것은 오늘, 내일보다 중요한 것도 오늘이라는, 그러니까 오늘을 내일의 볼모로 삼지 말라는 진리가 될 것이다. 마침 오늘은 휴일, 비어가는 들판을 바라보며 주검 앞에 선 사람처럼 무상에 젖어 한순간이나마 행복을 가름해 볼 일이다. ❦

송성원 ································

본명:송염만

전, 울산타임스 기자

1997년 제5회 울산 시민문학상 공모. 수필부문 당선.

2009년 경상일보 신춘문예 단편소설부문 당선

詩 · V
Poem

이경자　송대성
김블라시오　차달숙
황범순　김재석
남승원　곽태호

돌곶이 꽃 축제장에서

이경자

6월 초쯤 자유로 따라서 달려보세요
파주 심학산 아래 꽃들의 향연이 펼쳐져
온 들녘이 원색의 꽃들로 장관입니다

소금을 흩뿌려놓은 듯한 안개꽃
붉디붉은 관상용 양귀비꽃의 끝없는 장관
사람들의 탄성이 함께 아우러진 꽃 천국

그 꽃들 속에서 나도 꽃이고 너도 꽃이 되고
난생 처음 이렇게 많은 꽃 속에서 행복함은
나만은 아닌 것 같아 세상 모두가 이렇게
아름답고 평화롭기를 기원했답니다.

꽃샘추위

광양 섬진강변은 매화꽃 세상
산동 산수유는 노란색 꽃동네
동해 마을은 벚꽃 망울 소식인데
꽃샘추위는 왜 이렇게 매서울까

옛날 옛적 며느리 시집살이가
이토록 손 시린 찬바람 같았을까
소박맞고 친정 온 시누이처럼
불청객 황사는 덤으로 따라오지

차가운 섬진강 물에 그 많은 빨래
마치시고 아랫목 이불에 손 넣으시던
어머니 붉어진 손등이 지금도 생생한데
문득 되돌아보니 내가 그 어머니 되었네

삶이 무척이나 힘겹고 어렵다지만
꽃샘추위 떠나면 예쁜 새봄이 올 테지요
하늘나라 오늘 날씨는 어떤가요
이런 날은 어머니가 무척 보고 싶습니다

할미꽃

그 누굴 기다리시나요
이젠 허리 좀 펴세요
봄바람이 몹시 차갑습니다

올봄은 더욱 춥지만
도시로 떠난 막내아들 녀석
돈 많이 벌어서 곧 돌아올 테지요

붉은 할미꽃 고운 꽃잎처럼
세상 어머니들 속마음도 그렇답니다
너무 걱정하지 마시고 예쁜 봄 만드세요

이경자 ································

전남 구례 출생, 서울 거주
국보문학 시부문 신인상 수상
국보문학 창작작품상(시부문) 수상(2008)
국보문학 운영위원
한국국보문인협회 총무이사

나는 누구인가

김블라시오

나는
해와 같이 빛나고
달과 같이 아름답고
별보다도 귀한
하나밖에 없는
유일무이한
보물 같은 존재이다.

친구

언제나 다정한 이름이여
불러도, 불러도 그리운 이름이여

말이 필요 없어 편안하고
눈빛만 마주쳐도 웃음이 나네

지천명의 세월을 지내오며
이런 친구 다섯이면 좋은 삶이며

언제라도 달려오고 갈 수 있는
이런 친구 열이면 멋진 삶이네.

마음

보고 싶어도 볼 수 없고
듣고 싶어도 들을 수 없으며
알고 싶어도 알 수 없는 녀석이여

하루에도 5만 가지 생각들로
가득한 하나 밖에 없는 그놈은
도대체 누가 움직이는가

생각과 말과 행동을 지배하는

양심의 소리를 조용히 들어보자
그리고 그놈을 내가 움직이자

김 블라시오
육군원사 정년전역(34년 6개월)
국보문학 시부문 신인상 수상
부산 경성대학교 경영대학원 국제경영학과(경영학석사)
난초고지의 작은 영웅 수필당선(다큐멘터리영화 제작)
서울 시인대학 제1기 졸업(Hyper Text 시, 치료 및 시낭송가)
푸른 고래 100인회 초대회장(현재)
마음경영연구소장/ 전임강사

음악분수

황범순

삶의 열정을
한바탕 신나게 춤으로 풀고
아무 일 없는 듯 잠잠한 이 시간이
이렇게 흘러만 간다고 뭐 그리 대수랴
삶이란 어차피 혼자인 것을
산다는 게 무에 그리 별것이든가

내일의 부활을 위해서라고
죽음을 무릅쓴 이 뜨거운 세상사를 향하여
물줄기 한 번 고래 질러보고
치열한 막바지 삶에도 처연한 한 폭의 연어처럼
담담히 지금을 거슬러 오르며
저 양떼구름 같이 천천히 하늘을 가는 우울에도
탱탱한 웃음을 보내면서
뛰고 건너고 또 뛰고 건너도
무거운 세상사 지독스레 넘쳐나는데
8월의 태양은 지칠 줄 모르고 이글댄다.

나 기꺼이 음악분수처럼 푼수가 되리라

보고 듣고 느끼며 살아가는 건
내가 이렇게 살 수 있는 건
견딜 수 있을 만큼 아팠던 때문이리라
견딜 수 없을 만큼의 아픔이었다면
물 꼭지 잠근 채로 그대로 잠수해 버릴
허무보다 가벼운 삶 그 삶에 대하여
나 기꺼이 음악분수가 되고서야 진지할 수 있다

사랑 이제는 안 해요

사랑, 이제는 안 해요

질려서 더는 안 해요
너무 오랜 세월
물리도록 많이 해서 차마 못해요

머릿속은 텅 빈 양철지붕 밑이고
저 멀리 점 하나
온달로 그리움만 환한
그런 쓸쓸한 사랑은 이제 안 해요

현실보다 더 황량한 바람이
늘 가슴속을 헤집고
손톱의 반달보다도 못한
그 사랑에 매달려 죽인 세월이
이제는 너무 아까워 나는 못해요

손만 뻗으면 빈 가슴에
금방이라도 걸려들 것 같이
온달로 나를 지치게 하는
반달로 나를 애절케 하는
그런 사랑은

너무 힘이 들어
바라보기도 이제는 힘이 들어
그만둘래요.

사랑, 이제는 안 해요 더는 못해요

이를 간다

오늘도 취한 남편이
빠드득빠드득 이를 간다

밥알이 그대로 입안에서 곤두서는
생쌀 같은 하루를
와드득와드득 두고 보잔다

며칠을 안 넘기고
못마땅한 나날들이
빠득빠득 누룽지 뭉개지듯 어금니 사이에서 갈려나간다

무디어진 하루가 새로이 날을 세우고
기름기 흐르는 톱니바퀴로
찰가닥 찰가닥 내일은 제발 잘 돌아가 주기를
너와 나 세상이
좌르르 윤나게 잘 돌아가 주기를

오늘 밤 아니 내일까지도 기도하듯
싹싹 못 마땅한 날들의 모서리를 열심히 간다

황범순(黃範順) ································

경북 문경 출생, 서울 거주
순수문학 등단(2001)
현)자영업

기다려주지 않는 사람

玉香 남승원

병들어 아픈 가슴
아내의 메마른 손
실뭉치 풀어가며 열심히
한 코 한 코 잡아 올을 감는다.

어려운 살림살이 힘들었던 시간
당신이 있어 작은 꿈 품은 행복이었지
해 저무는 들녘 드리우는 그림자는
한낮 요란했던 많은 이야기를
조용히 잠재우고

뜨개질하던 손 내려놓으며
창문 너머로 상념에 잠긴
뒷모습은 수척한 빛이 되었네.

왜 그다지도 아옹다옹하며 살았는가.
부족한 사랑 모두 다 채울 수는 없지만
반백 년이라도 함께 하고픈 옥향인데

손에서 풀어헤치는 실타래처럼
구멍 난 이내 마음 다시 동여매어
새 스웨터 엮을 수 있으면 좋으련만.

해

둥글둥글 모나지 않은 모습
뜨거운 가슴 열정 속에
귀를 열어 선한 사랑 그려 가려 함인데

잔잔함 뒤 적막을 깨고
빠른 속도로 앞서
거대한 힘에 눌려 주저앉고 맙니다.

권력과 시기로 가득함 속에
모함과 무지함이 허공을 향하여 울리니
두려움에 열정은 식어

웅크린 마음 숨죽여
뜨거운 눈물 되어 볼을 타고 내려
차가움으로 떨어질 때

긴 한숨을 토해내며 냉정 찾아
파고드는 아픔을 뚫고서야
벅찬 가슴 사랑을 그립니다.

새벽

지난밤 내게 들려준
많은 이야기 어찌 그리도
달고 시원하던지

주신 말씀이
간밤에 설렘으로
이 새벽 눈을 뜹니다.

변치 않는 사랑
당신을 만나기 위해
옷매무새를 만집니다.

먼동이 트기 전
어두움 비추는 당신은
늘 함께하고 있지요.

당신 향하는 걸음
마음 먼저 앞서는 것은
늘 함께하기에

남승원 ....

아동문예사 동화부문 신인상 수상
한국문학정신 시 부문 신인상 수상
한국문학정신 제주도 시화전 대상 수상
노원문인협회 사무국장
사랑의 일기 지도교사 활동 중

웃음

道眼 송대성

아니 너는
언제 내 입가에 와서 놀고 있었니

부른 적 없는 너의 모습은
나의 얼굴을 환한 보름달
자비의 부처가 되게 하여

만나는 모든 이에게
평화를 전하니
천하를 평정하는 무적의 힘

슬픔과 우울과 어둠은
아주 가거라
다시 오지 못할 곳으로
나의 앞에선 무기력한
악마일 뿐이니

아, 웃음이여
넌 세상을 밝히는 등불이여
우주의 찬란한 광명으로
지구의 지지 않는 희망의 빛으로
영원한 생명의 동반자

술과 하나 되어

나. 오늘 너를 마신다
너 내게로 와 술술 넘어간다
나의 생명 속으로
너와 내가 하나 되니
그 밖에 또 누가 있으나 없으나

아, 그리운 이여
그대 이름은 술이여
언제나 생명 속으로 파고드는 너는
항상 기쁨을 주는 친구

아, 떠나는 이여
그대 이름은 酒여
내 몸속에 와
어느새 주인을 몰아내고
안방을 점령하였구나.

우 하하하 하하하하 하하하
하를 열 번 하니 열하의 여름이로다
술술 넘어간 당신은
오늘도 취하여 밤이 새는 줄 모르고

아, 지금이여
황금도 현금도 울고 가는
생명의 환희여
넌 지금밖에 살 수 없는 가엾은 생명일 뿐

다만 목에 숨을 달고 사는
숨에 살고 숨에 가는
아쉬운 삶을 사는 사람일 뿐
어찌 영원을 꿈꾸는가
지금이 영원임을 알고
그대에게 주어진 시간의 위대함을 잘 사시게나

바람 소리

부드러운 몸짓으로 세상을 끌어안으며
봄날의 따뜻한 아지랑이로 너를 보여주며
소리 없는 움직임으로 세상소식 전해주는 아름다운 음악

지구의 이편에선 나비의 날갯짓에 의해 태어나서
작은 생명의 꿈틀거림으로 나뭇잎을 흔들기를
그 얼마이던가

끝없는 무한질주 마하의 속도로 바람과 하나 된 소리는
유일한 절대자의 음성으로
존재하는 모든 것을 두려움으로 포옹하며

작은 말 한마디 너와 더불어
씨알의 소리로 출발하여
지구인의 가슴마다
흔적 없는 교향악으로 들려온다.

송대성 ································

충북 진천 출생, 서울 거주
국보문학 시부문 신인상 수상
청주대 졸업, 능인선원 불교대학 46기 졸업
웃음 & 유머코치과정 1기 수료 및 동기회장
서울시인대학 제 1기 졸업, 100인회 감사
현)KT영동지사 근무

깃발

○차 달 숙

파아란 하늘에 날고 있는
새 한 마리 자유롭구나.
빨리 오라 부르는 깃발처럼 펄럭이는데
님들의 몸짓으로 보이는데

한때 님들은
저 깃발처럼 펄럭이었다.
자유의 깃발 아래 뭇 목숨들이 환호했었다.
한 방울의 붉은 피가 떨어져
새 생명이 되고 노래가 되고 춤이 되는 걸 봤었다.
조국의 숨결이 꺼지려 했을 때
세계의 평화가 깨어지려 했을 때
다시 불씨 살린 깃발이여,
너의 이름은 자유였네.

우리는 아직도
자유의 깃발을 완성하지 못하였나니
부모형제들이여,
손잡고 일어서자.
조국을 위하여 다시 한 번
깃발이 되자.

※시작노트: 6·25와 베트남戰 참전기념비 헌시(獻詩)

아내의 텃밭

볼품없이 귀 떨어진 밭뙈기에
이 세상의 제일 큰 사랑과 행복
살았던 때 있었음을 이제야 알겠습니다

개미처럼 고물거린 한 아낙의 힘이
사랑과 행복을 길러냈음을 이제야 알겠습니다

지금은 흑백의 간이역입니다
승객 없이 멈추었다가
저 혼자 빼애 - 울면서
떠나기 싫다고 떼쓰는 열차 같은
겨울바람이 주소를 묻습니다
알고 있지만, 안다고 대답할 수 없습니다

여기저기 애매하게 두서너 곳 들먹이는데
무능해서 보내버린 아내 생각에
변명 같은 눈짓 손짓 둘 곳 없어
난감한 허공만 바라봅니다

깊어서 푸른 겨울하늘은
사생결단, 끝맺을 일 있는지
칼을 벼리고 있습니다

목이 저절로 꺾입니다

※ 시작노트: 지난해 하늘나라로 먼 여행 떠난 아내에게 보내는 별사(別辭)

귀신고래

떠나지 못하는 반구대 귀신고래
무엇을 기다리고 있을까
울릉도로 독도로 오징어잡이 떠나간 서방님을 기다려
사립짝 열어놓고 밤을 새워 서성이다가 굳어 바위가 되었을까
저 바위 늙어 몸 부려지는 날
저 고래는 막혔던 혈이 트이고 숨길 열릴까
서방님 찾아 동해바다로 길 떠날까
흑산도로 멸치잡이 떠나간 유배지 노인의 안부가 궁금하고
얼굴 까만 강진 나루의 내 아버님
차운 밤에도 바다의 마개를 뽑아 술을 마시듯
'우두봉(牛頭峰)을 넘어오다 우우 소 울음으로 몰아치는 하늬바람'* 같은
한숨 토하며 신세를 한탄하고 계실까
아직 기다림이 남아 있다는 것은 얼마나 좋은가
아직 식지 않은 사랑이 있고 희망이 있다는 것,
폭우라도 쏟아지는 밤에는 반구대 귀신고래 저 혼자
우우 가슴으로 우는 소리가 되어, 우레 소리가 되어
이 세상 바다 끝에서 달아날 것만 같아서
또 내게는 이렇게 하얀 밤도 있구나.

*정일근의 시'유배지에서 보내는 정약용의 편지'에서 인용
※시작노트: 울산고래축제를 앞두고, 세계적인 선사시대 문화유적으로 국보 제 285호인 울산시 울주군 반구대암각화에 새겨진 귀신고래를 떠올리며…

차달숙 ··································
경남창녕출생
시인/수필가, 예비역육군중령
부산상의새마을연수원교수 역임
부산문인협회 사무국장(현), 한국국보문인협회 상임이사
실상문학상 우수작가상(2004년), 한국문학인상 수필본상(2007년)
저서: 칼럼집 〈마음따라 달라지는 인생살이〉 외 다수

不渡

김재석

문 닫힌 회사의 정문은 을씨년스럽다.
전기 끊긴 공장에는 기계들이
울부짖다 기절해 어두웠다

흩어진 서류 장부를 베고
처참한 전쟁터의 사무실에서
절망을 담은 회한을 씹고
통곡으로 누웠다

휘몰아치는 현실은 차갑고 매서웠다
채권자들의 성난 항의와 문책에
무릎 꿇어 사죄하며
냉대와 질시 속에 사랑하는 모든 것을 빼앗기고
찢긴 인간관계의 파멸 앞에
고난의 삶을 숨지게 했다.

하늘이 무섭고 땅이 싫어
외롭고 슬픈 영혼은
성난 바람의 유혹에
포효하는 파도의 가슴에 비정을 싣고
정든 바다를 떠난다.

고독한 방랑자가 되어
여명이 깃든 미완의 안식처로
허공을 넘어 끝없이 간다.

실연(失戀)

사랑이 떠난 빈 가슴
스산한 바람 불고
허망한 인연의 별리에 갈등은 깊어

흔들리는 마음의 외로운 신음에
터져 흐르는 슬픔이
아프도록 물결 친다.

삶이 숨 막혀
하늘 무너져 내리고
광란의 폭풍에 심장은 까무러져
처절한 애증의 몸부림으로
연인은 생존의 의미를 망각한다.

저물어 가는 가을의 뜰에는
노을 짙은 그리움 붉게 타고

배신당한 분노에 전율하는 사랑
참회와 원망으로 흐느끼다 병들어
번뇌의 격정으로 우수수 낙엽 진다.

도강(渡江)

닫힌 마음이 문을 열고
흐르는 현실(現實)의 강을 건너야 하는
필연(必然)의 숙명(宿命)을 지고
강둑에 결연히 섰다.

강은 넓고 깊어 아득히 가물거리고
강물은 분노해 혼탁(混濁)한 범람(氾濫)으로
하상(河床)의 가슴은 번뇌(煩惱)로 울렁이며 떨렸다.

강 저편 평화로운 안식(安息)의 땅에는
황금물결의 가을이 아름답게 익어가고
사무친 그리움 사랑같이 피어나
행복한 삶을 위해 미소 짓고 기다리고 있다.

한 마리 연어의 귀원성(歸原性) 품은 꿈
세찬 급류에 휩싸인다.

필사(必死)의 집념으로
날개 없는 새의 염원(念願)되어 강을 날아간다.

바다의 밤

현란한 축제의 바다
삶은 화려한 사랑의 향연을
바다에 묻고
뜨겁게 한낮의 정념을 태웠다.

밤 깊어 바다는
외로웠다.

곁으로 텅 빈 모래사장 껴안고
숨은 상처 만지며 웃었다.

슬픔이 화되어 뒤척이다
눈 뜨고 잠 못 들어

원망의 눈물로
끊임없이 흐느끼는
밤바다의 속삭임

가을 흔적(痕迹)

세월이 길 떠난 자리
가을이 살짝 앉으면

낙엽은 이별의 아픔 감추고
외로운 속삭임 가슴으로 삼킨다.

바람의 흐느낌 깊어
안타까운 하소연 하늘 높아
찬 서리 한 안고 들판에 내린다.

슬픈 그리움 돋은
억새 무덤가에
못 이룬 사랑 구름 속에 흐르고
사연 담은 별 살이 눈물겹게 새하얗다.

가을이 살다간 자리
텅 빈 마음
떠난 임 정 못 잊어
덧난 상처
아물지 않는 흔적.

노년(老年)을 위로(慰勞)하며

묻혀버린 인연(因緣) 깊어
가슴에 머문 세월(歲月)
황혼(黃昏)의 삶이 여한(餘恨)으로 메아리칠 때
고적(孤寂)한 나그네는 바다에 빠져 서러움으로 숨어들었다.

파도와 갈매기의 들썩임에 모래알 같은 눈물 쏟아 내고
하늘도 구름 품어 흐느껴 빗물같이 서러워했다.

희끗희끗해진 머리칼, 주름진 얼굴
굳살 박힌 거친 손에 얼룩진 세상사(世上事)
파란만장(波瀾萬丈)의 인생(人生) 사리(事理)였다.

고단했던 여정(旅程)이 주마등(走馬燈)처럼 지나가면
깨달음의 영혼(靈魂)은 파도 따라 바다에 안식(安息)한다.

갯냄새 물씬한 해풍에 쌓인 통한(痛恨) 날려 보내고
용솟음치는 환희(歡喜)에
여명(餘命)의 마음을 해맑은 평화로움으로 열어
삶의 열매가 아름답게 익어간다.

서설(瑞雪)

하늘이 쏟아 붓는 행운이 깃든 씨알
물들지 않은 순결(純潔)한 기쁨이
수북하게 가슴에 쌓인다.

목맨 갈구(渴求)와 평화로운 시위는
아득한 함성처럼 귓전을 맴돌고

어디에선가 들려 올 것 같은 정겨운 목소리
그리움 섞인 흩날림이 외로움을 묻힌다.

나목(裸木)의 고적(孤寂)한 추위를
따뜻이 감싸 안고 메마른 대지에
촉촉이 젖어오는 풍요로운 자태.

허(虛)허(虛)한 마음에 아름답게 채워지는
순백(純白)의 사랑이 영롱하게 빛나고

고난(苦難)에 지친 세속의 삶에
가득히 내려지는 축복의 은총이
송이송이 하얗게 어우러진다.

열리는 봄을 가슴에 심고
마음으로 탐스럽게 피워낸다.

바다는 사랑을 잉태(孕胎)하며

바다는 밤낮으로 사랑에 들떠 있다

꿈꾸는 세월의 수평선에서
물새의 울음 따라 끊임없이 파도가 숨어들고

몸을 풀어내는 비릿한 갯냄새에
마냥 젊게 살아가는 의지(意志)가 검푸르게 출렁인다.

가슴깊이 차오르는 밀물의 흐느낌에
발광(發狂)하는 파도의 포효(咆哮)
말초신경의 뿌리를 흔든다.

정분(情分)으로 만난 인연(因緣)
밀고 당기며 깊게 포옹하면
갯벌은 넘쳐 감기는 정(情)으로
썰물의 감미로운 애무에 몸져눕는다.

하늘 가득히 구름이 안겨오면
들뜬 사랑놀음의 신음을 해조음으로 토하고

소리쳐 발정하는 해저(海豬)의 성욕을
움켜쥐고 심장 터질 듯 숨을 몰아 헐떡인다.

쉴 수 없이 솟구치며 마음으로 껴안은
바다의 욕망, 황홀한 사랑의 잉태.

장미 오월의 소망을 열고

발갛게 익은 사랑
가슴에 묻어
피보다 진한 울음 깨물고
꽃으로 봉오리 맺혔다.

싱그러운 연초록 훈풍이
찌든 삶의 흔적 어루만지며

푸르게 돋아난 가시의 절규
흐느낌으로 감싸 안고
참아 견디어온 긴 번뇌 연민으로 삭였다.

아쉽고 애달아 모아온 연정으로
꽃잎에 꿈을 엮어
수줍은 듯 요염한 여인의 아리따운 자태여

도심의 매연에 숨 막힌 도로변 울타리에서
아픔과 고독을 나누며
황홀하게 축복받아 피어나는 그리움 송이송이.

세속에 때 묻지 않는
순결의 붉은 연정 마음에 깃들어

환한 웃음으로
불붙는 열망으로
아름답게 열리는 소망.

외로운 섬 이야기

태곳적 천지개벽이 있던 날
부부로 살던 산이 비명에 죽어
영혼이 바다의 섬으로 환생했다

애오라지 다시 만날 언약을 위해
목을 길게 내놓고 주야 불망 가슴 태우며
오랜 세월, 천길 바다 마다치 않고
홀로 기다리며 살고 있다

끊임없는 파도의 구애에
묵묵히 눈물 삼키며
한 눈 팔지 않았고

때때로 견디기 어려운 폭풍 앞에
벗겨지고 찢어진 알몸으로 이 악물고
덮쳐오는 끈끈한 애무의 유혹에도
의연히 일편단심 지조를 지켰다

어쩌다 길 잃고 짝 여읜
물새를 품에 안았지만
마음은 주지 않았다

막막한 가슴에
애틋한 그리움 녹아내리면
등댓불 포근히 껴안고
소곤대는 해조음에 콧날이 찡해

수평선 꿈길 따라
하늘의 별빛 소복이 휘감아
해후의 간절한 소망 전하고 싶다
바다를 움켜잡고 세세연연 기다림으로.

김재석
경남 거제출생, (현) ㈜한미실업 부산지사 상임고문
열린 문학 시 부문 · 문학세계 수필부문 등단, 한국예총 회장상 시 부문 대상
한국문학협회 이사, 부산 문인협회 회원, 부산 시인협회 회원,
세계문인협회 정회원
시집 시목(공저 한국문학협회), 시집 시인과 사색(공저 한비문학)
시집 행복을 나누는 이야기(공저), 시집 헤적이는 강물에 내리는 노을(공저)
시집 빈 가지에 이는 바람소리(공저 시인세상)

미스터리한 사랑

곽태호

한 줄의 시처럼 우리의 사랑을 엮을 수가 있나요
감춰진 우리의 생각을 노래로 부를 수가 있나요
단 한 번의 느낌이 일깨워준 사랑 말할 수는 없지요

사랑은 바람에 흘러가는 구름같이 잡을 수 없기에
사랑은 햇빛에 사라지는 이슬같이 담을 수 없기에

우리의 사랑 엮을 수 없답니다
우리의 사랑 부를 수 없답니다
우리의 사랑 말할 수 없답니다

우리의 사랑
엮을 수 없기에
부를 수 없기에
말할 수 없기에
흐르는 시간처럼 여운을 남겨서는 안 됩니다

우리의 사랑
엮을 수 없어도
부를 수 없어도
말할 수 없어도
풀리지 않는 미스터리한 정으로 남고 싶습니다.

너와 나의 삶

그곳에도 사랑이 있느냐!
그곳에도 자유가 있느냐!
그곳에도 소망이 있느냐!

깊은 구덩이에 갇혀 있는 너와 나의 마음 어찌 해야 할꼬
절벽 끝자락에 갇혀 있는 너와 나의 육체 어찌 해야 할꼬

새벽녘에도
뙤약볕에도
깊은 밤에도

너와 나의 삶을 그리며 무릎 꿇고 애걸하며 통회할 때
위로의 음성이
긍휼의 손길이
소망의 평안이

닫힌 마음이 열리는 마음이 되었고
떨리는 마음이 담대한 마음이 되었네

너와 나
나 너의 것이며
너 나의 것이며
우리는 한울타리

좋은 사람

내 마음 틈새로 스며든 당신
좋은 사람이네요.

인생의 늪에 가려
시든 나무로 살며
행여 남겨둔 틈새로 찾아온 당신
좋은 사람이네요.

어떻게 아셨나요.
그렇게 보였나요.

낙엽이 살점 되어
뭉개진 쓰라린 아픔으로
벌어진 틈새인 것을...

들어가도 되느냐고 묻는 당신
들어오면 되는데 두드리는 당신
들어오지 아니하며 기다리는 당신

당신은 나에게 너무 좋은 사람입니다.

곽태호

서울거주

국보문학 회원

지구촌교회 목사

隨筆·IV
Essay

조선미

정다운

노홍순

이종렬

임수홍

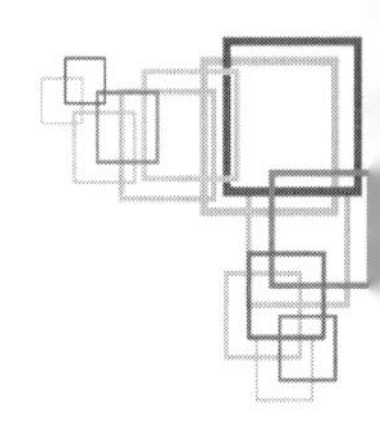

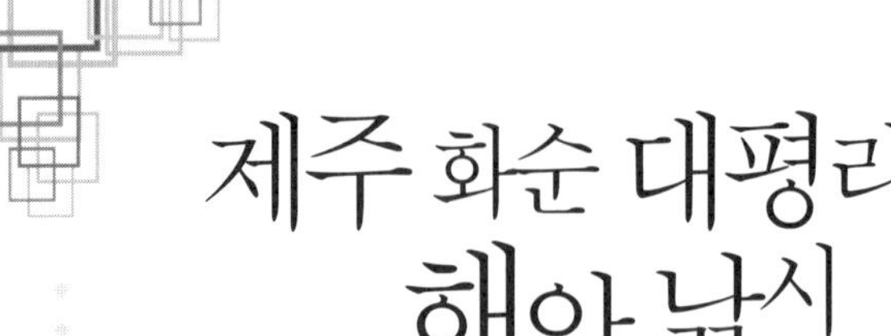

제주 화순 대평리 해안 낚시

조선미

날씨에 상관없이 주말마다 제주 해협을 누비는 낚시 동호회가 있다. 활동 회원은 몇 안 되는 소박한 동호회지만, 바다와 낚시를 좋아하는 선, 후배 친구 사이로 뭉친 모임이다.

바닷고기 닉네임을 대부분 붙여 활동하는 이 모임에서 난 낚시 상식이 있거나, 낚시 마니아여서 다니는 것이 아니다. 그저 시내를 벗어나 좋아하는 바다와 좋은 사람들을 만나고 식도락까지는 아니지만 맛있는 음식 찾아다니면서 먹기 좋아하는 즐거움으로 따라다닌다. 삭막한 도시를 벗어나 외곽지의 제주 풍경을 보며 복잡한 머리를 식히는 행복감이란 다녀와 본 사람만이 알 수 있다.

일단, 재미있는 회원 닉네임을 소개한다. 대부분 제주사투리 표기의 바다고기 이름이다. 어랭이, 따치, 보들락, 코생이, 솔라니, 뻴레기똥, 아스퍼, 초페인, 비룡, 라이언피쉬, 기타 실명으로 두어 명 더 있다. 다들 다른 직업과 성격이지만, 한 가지 공통점이 낚시가 취미이기에 똘똘 잘 뭉치는 멋쟁이들이다. 가끔 다른 크고 유명한 낚시 동호회 회원들도 우리 회원들의 지인인 관계로 같이 출조를 하기도 한다.

어느 해 여름으로 기억한다. 모처럼 휴일의 곤한 잠을 깨우는 요란한 전화벨소리. '화순, 대평리 해안이 포인트요. 무장하고 집 앞에 나와 계시오'. 간단명료하게 말하고 끊어 버리는 전화 속 주인공은 친구인 어랭이 회장의 섹시한 목소리였다. 전날 일이 많이 늦어져 퇴근이 늦었노라 며, 잠 덜 깬 피곤한 목소리였다. 피곤하다면서도 새벽부터 낚시 장비를 챙기는 친구의 광적인 낚시 사랑에 매번 박수를 보낸다. 나 같으면 낚시고 뭐고 그냥 쉬면서 잘 텐데 말이다. 나는 몇 달을 참여하지 못하는 때도 있어서 계획에 없던 낚시를 많이 가는 편이다. 떠나는 날의 컨디션에 따라 가고 말고가 결정되는 것이다.

아침 7시에 모인 회원들은 총 6명이었다. 어랭이, 보들락, 해룡형, 뻴레기똥, 정렬형, 따치. 두 대의 차로 나눠 타고 서부 관광 산업도로를 달려 포인트로 향했다. 시내에서 출발할 때는 날씨가 좋더니 경마장 근처를 지날 때부터 짙은 안개와 비가 내리기 시작했다. 제주도는 같은 지역 내에서도 지역적으로 날씨 변덕이 심해서 어떤 도로는 젖어 있고 어떤 도로는 말라 있기도 하는 신기한 날씨 현상을 보인다. 늘 무시하며 출조를 했기에 누구 하나 날씨 탓은 하질 않았다.

흐리고 비 오고 갬을 반복하며 도착한 화순 대평리 해안은 특별자치도 출범 이후 행정 구역상 남제주군에서 서귀포시로 바뀐 곳이다. 녹음이 우거진 각종 나무와 풀로 이루어진 멋진 주상절리였다. 컨벤션 센터가 있는 중문 해안가의 주상절리보다는 덜 다듬어진 자연 그대로의 모습이어서 좋았다. 갯바위도 평평하니 경사도 완만했고 낚시 장비들이 젖지 않게 보관할 수 있는 작은 동굴들도 있어서 비 오는 날에도 최상의 낚시를 즐길 수 있었던 포인트였다.

미리 준비한 비닐 우비를 입고 장비를 갖추고 갯바위에 자리를 잡기 시작하는 회원들. 빗속에서도 이미 많은 다른 팀들이 자리를 잡고 있었다. 다른 팀에서는 루어(가짜 미끼)로 낚는 지, 오징어가 환호성과 함께 연이어 올라왔다.

우리 팀은 따치, 돌돔, 복바리, 자리돔, 어랭이가 올라왔다. 복바리라는 고기는 바로 잡자마자 바다로 다시 버려 버리는 어종이라 똥바리라고도 불리는 재미있는 고기이다. 포획물다운 포획물은 따치와 돌돔. 20~25Cm짜리 몇 마리뿐, 조황이 그다지 좋지 않았다.

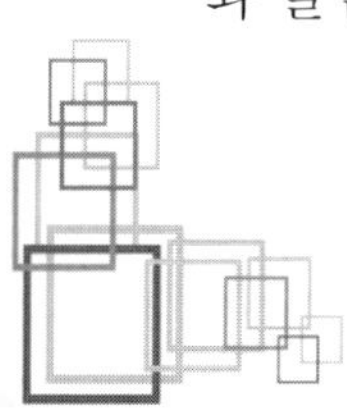

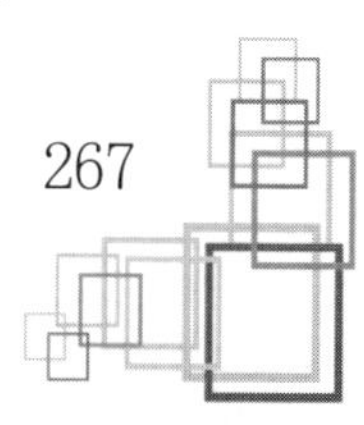

한쪽에서 보들락이라도 잡아볼까 찌 없는 대나무 낚싯대를 드리우고 있던 나는 똥바리만 걸려드는 통에 포획과 방생을 반복하다 약이 올라 낚시 장비를 임시방편으로 보관해둔 동굴로 가서 생수와 냄비를 꺼내 라면 끓일 준비를 했다. 낚시를 따라다니며 하는 나의 임무 세 가지 중 하나이다. 하나는 초장 만들기, 또 하나는 경비 입출금 메모, 마지막 하나가 바로 라면 끓이기다. 보들락이라는 닉네임을 가진 후배가 잡아 올린 돌돔 한 마리를 포를 떠서 소주 한 잔을 권했다. 비 오는 날에 생선 날것을 먹지 않는 나는 얼떨결에 먹게 되었고, 우린 다른 회원들 몰래 한 마리 더 해치웠다.

쉬는 날, 진날에는 다음 날 쉰다는 여유로움으로 이것, 저것 밀렸던 일과 사람들을 만나는 이유로 밤을 거의 새다시피 해서 소주 한 잔이 주는 효과는 컸다. 슬슬 눈이 풀리기 시작하더니 다리도 풀리고 얼굴은 빨개져서 가관이었다. 빗속 갯바위에 앉아 우비 위로 떨어지는 빗방울 소리는 자장가로 들리기 시작했다.

다른 회원들을 불러 모아 포 뜬 돌돔을 넣어 끓인 라면과 즉석 회로 요기를 하고 오후 5시 즈음 더욱 거세지는 빗방울 때문에 낚시를 접고 귀가 준비를 서둘렀다. 서귀포까지 가서 부모님 댁에 안 들리고 오는 불효를 저지르기 싫어서 어머니께 전화를 걸었다.

"엄마, 집에 뭐 필요한 거 없으세요?"

"어, 다른 건 필요 없고, 자리돔이 먹고 싶네, 싱싱하고 큰놈으로 몇 마리 사와라".

낚시 와서 생선 가게 들리는 강태공의 심사를 아시는지 모르시는지, 왜 하필 오늘 같은 날에 자리돔이실까?

'아, 이럴 때 몇 마리 못 잡은 자리돔이 밉다.'

조황 안 좋은 이 날의 낚시도 안타까운 건 말 하나마나다.

자리돔을 사러 서귀포 매일 시장 수산물 코너로 향하는 길은 서귀포 JCI 주최 뚜벅이 축제 기간이라 온통 잔치 분위기로 차량 통제를

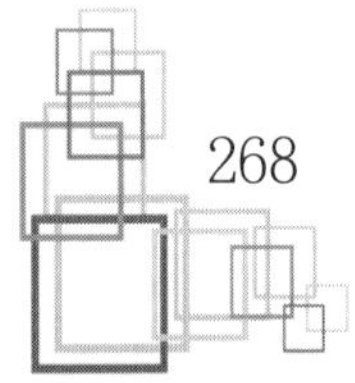

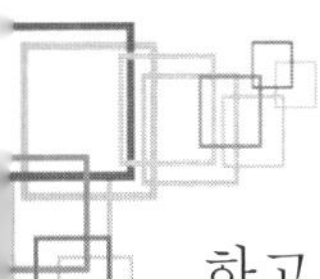

하고 있었다.

kc 방송국의 거리 취재 카메라를 피해 겨우 자리돔을 샀다. 굳이 부모님 댁까지 데려다 주겠다는 친구의 차 안은 온통 비릿한 바다 냄새이었지만, 갯바위에 앉아 온몸에 와 닿는 빗방울의 감촉을 다시 떠올리노라니 연인의 스킨십보다 더 감미로운 아늑한 느낌이다.

포획물이 시원치 않았지만, 좋은 사람들과의 이 날의 빗속 출조는 그냥 말 안 해도 알아주는 친구의 한결같은 마음씨를 확인할 수 있었고, 도시 생활에 빡빡한 마음을 느슨하게 풀어 일상의 여유를 찾게 해준 잊을 수 없는 출조로 기억될 것이다. ❦

조선미

대구 텍스타일 디자인 공모전 수상
제주 관광상품 디자인 공모전 수상
국보문학 시부문 등단 1기, 국보문학 수필부문 등단 11기
국보문학 옥당 문학상 수상
국보문학 최우수지회장상 수상
한국국보문인협회 제주지회장

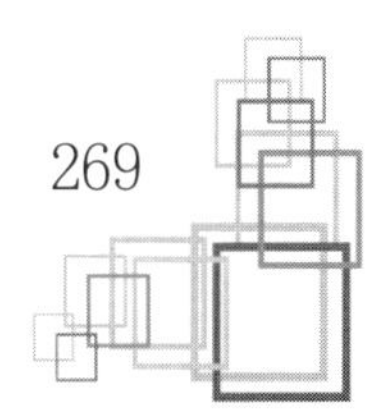

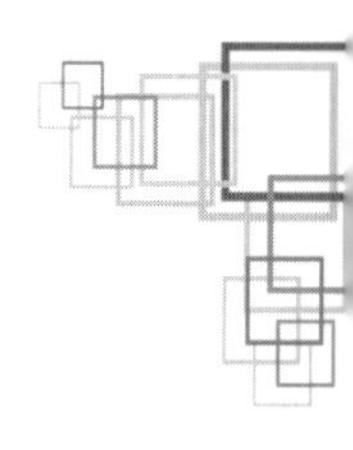

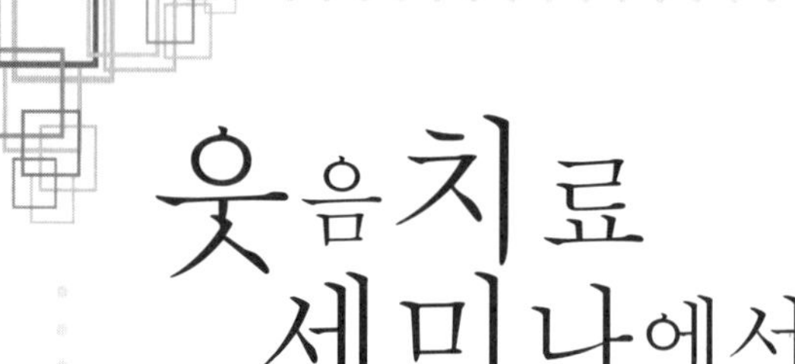

웃음치료 세미나에서

은향 정다운

웃음이란 기쁘거나 즐거울 때 소리내어 표현하는 것이라고 한다. '일소일소(一笑一少), 일노일노(一怒一老)'라는 말이 있듯이, 한번 웃으면 한번 젊어지고 한번 화를 내면 한번 늙어진다는 말이 있다. 또한 '소문만복래((笑門萬福來)'라 하여 웃으면 복이 온다는 말이 있다.

요즘은 세상도 좋아지고 살기도 편해졌는데 암이나 다른 병으로 고생하는 사람들을 자주 본다. 지금은 여러 가지 병도 웃음으로 치료하며, 암도 고치기 힘들고 어렵다는데 웃음으로 60% 이상을 치료할 수 있다는 결과도 나왔다고 한다. 이렇게 병을 웃음으로 고친 사람들을 많이 찾아볼 수 있는 게 현실이다. 병도 마음먹기에 따라 좋아질 수도 있고 웃음의 힘으로 조금씩 고쳐나가고 있다고 하니, 웃음은 정말 대단한 힘을 가진 것이다.

우리는 사회생활을 하면서 직장이나 가정에서 또는 주위에 가깝게 지내는 사람들 사이에서도 알게 모르게 인간관계가 원만하지 못해 스트레스 때문에 속병을 앓고 살아가는 사람들이 많다. 그렇다고 특별히 풀 때는 없고 가슴에 쌓아두면 병이 되고 정말 살기 힘든 세상이다.

한 세상 살면서 웃을 일이 많아 저절로 웃음이 나오고 즐겁게 웃으면서 살면 얼마나 좋을까? 그러나 우리 현실은 그렇지 못할 때가 더 많은 것 같다. 그래서 웃음치료에 관련된 강의나 프로그램이 많이 생겨 웃음강사도 많이 배출되고 있는 것을 보았다. 공무원, 직장인, 그 외 많은 사람이 얼마나 웃음을 잃고 살아가고 있으면 이렇게 웃음치료라고 하는 교육도 생기고, 사람들의 마음을 치유해 주는

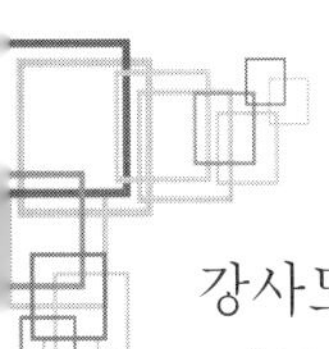

강사도 생기는 것일까?

지금 급변하는 시대를 살면서 나라 경제도 어렵고 가정도 경제도 모두 어렵다. 사람들과의 관계도 복잡하고 스트레스도 많이 받고 살고 있기에 사람 마음이 내 맘 같지 않아서 세상살이도 그렇게 만만치가 않다. 누구에게 말 못한 고민을 떠안고 혼자 속으로 삭이며 살기에 정신적으로 험난한 시대에 사는 것입니다.

난 우연한 기회에 웃음치료 강의를 듣게 되었는데, 정말 듣기 잘했다고 생각이 든다. 처음에는 적응이 안 됐지만 그래도 이왕 배우는 거 몰입을 하며 생각 없이 그냥 함께 어울려서 이틀 동안 스트레스를 다 날리고 왔다. 닫혀 있던 마음도 문을 열고 체면도 부끄러움도 남의 눈을 의식도 안고 눈치도 안 보고 실컷 울며 웃으며 일 년치 아니 몇 년 동안 웃음을 이틀 동안 다 웃어 버린 것 같았다.

웃음치료 교육을 받으면서 웃는 것도 많은 연습이 필요하다는 것도 알게 되었다. 웃는 것도 처음에는 어색했지만 계속 반복해서 웃다 보니 자연스럽게 웃어진다. 웃으면 몸속에서 엔도르핀이 생겨 기분이 좋아진다고 한다.

우리가 흔히 가장 좋은 보약은 밥이라고 한다. 그다음은 아마도 웃음보약 인 듯하다. 이렇게 웃다 보니 가슴에 뭔가 뭉쳐 있는 것이 확 트인 느낌입니다. 이제 스트레스가 다 날아가고 더 잘 웃을 수 있게 되었으며 어떤 사람들 만나도 꺼리낌 없이 마주 보며 웃으며 반갑게 맞이할 수 있는 자신감도 생겼다.

사회생활하면서도 밝은 인상이 중요하며 사람은 첫인상 3초가 그 사람을 좌우한다는 말이 있다. 웃는 얼굴 인상이 좋으면 그 사람이 좋아 보이고 신임도 얻고 일을 잘할 것 같은 인상을 심어주기도 한다.

대인관계에서 이토록 중요한 얼굴 인상 항상 미소 가득한 얼굴이라면 보는 사람도 즐겁고 같이 일하는 사람도 즐겁고 행복하지 않을까? 그리고 집에 돌아와서는 아이들 앞에서 그냥 실없이 "하하하" 크게 웃었더니, "딸들이 왜 그러세요. 어머니" 하기에 너희를 보니 기분이 좋아서 그렇다며, 우리 아이들에게 웃음이 얼마나 좋

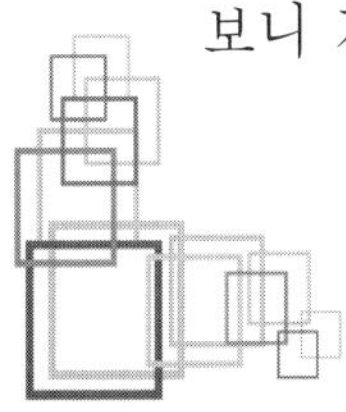

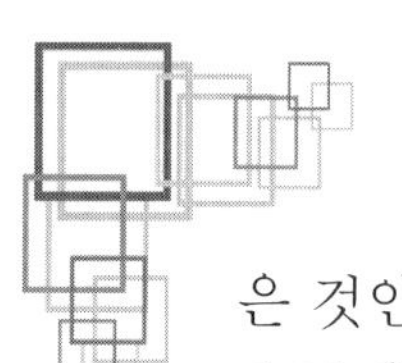

은 것인지도 알려 주었다. 남에게 웃는 모습을 보여 주고 좋은 모습으로 웃음을 전하며 사는 것도 얼마나 행복한 일인지 모르겠다.

이제는 웃음에 인색한 사람이 되지 않을 것이다. 새로운 마음으로 교육받은 것들을 집에서 실천해 가고 있다. 웃어서 행복한 게 아니라 웃으니까 행복하다는 말이 있듯이 때로는 일이 안 풀려서 힘들고 속상한 일, 우울한 일도 많지만, 이제 그런 것에 신경 쓰지 않고 쉽게 넘기며 웃음으로 이겨 내며 살고 있다.

웃음치료를 통해 나 자신을 변화시킬 수 있었고, 배운 것들이 너무 많다.

이제 주위 많은 사람에게 행복과 희망으로 전하는 언제나 명랑하게 웃음꽃을 휘날리는 멋진 인생을 살겠다고 다짐해 본다. ❦

정다운

필명 : 은향
국보문학 수필부문 신인상 수상
국보문학 시부문 신인상 수상
수원갈비문화원 이사
메리케이화장품 뷰티컨설턴트
국보문학 운영위원
한국국보문인협회 시 낭송위원장

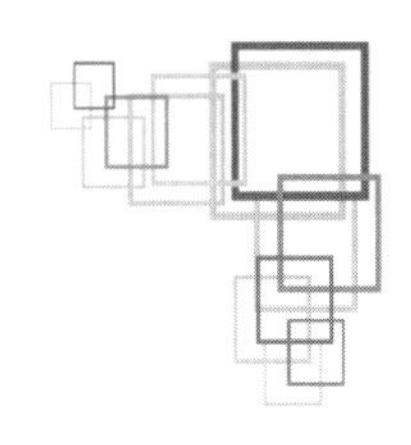

그리움의 또 다른 이름 백령도

노흥순

지금부터 20년 전인 1988년 3월, 나는 백령도에 있는 백령중학교에 발령을 받았다.

남편은 인천 부둣가에서 아내인 나를 전송했는데, 까마득히 안 보일 때까지 서로 애틋한 마음으로 바라보았다. 인천에서 백령도까지 11시간이나 가야 하는 목선을 탔는데 대부분 많은 사람이 뱃멀미로 드러누워 자는 것을 보면서, 백령도는 아무나 못 가는 머나먼 섬으로 생각을 하였다.

지금은 3~4시간이면 쾌속선으로 백령도를 드나든다. 편안히 의자에 앉아 사람들 곁을 날아 다니는 갈매기를 바라보며, 또 유리창에 부딪히는 파도를 실감하며 맛있는 것도 먹고 즐겁게 담소하며 여행을 즐길 수 있는 시대가 되었다.

전시에 비행기가 뜨고, 내리는 사곶비행장(세계에 몇 군데 밖에 없는 모래들이 염분으로 딱딱하게 다져져 바퀴가 빠지지 않음)이 있는 곳이 바로 사곶해변이다. 나는 그곳에서 자동차 운전과 오토바이 운전을 배웠다. 오토바이를 타고 해변 파도를 튕기며 달렸던 그 기분은 정말, 표현할 수 없는 짜릿함이었다.

지금은 사곶해수욕장으로 유명하다. 그때만 해도 학생들은 수영복 얘기를 하면 부끄러워했고, 여학생은 런닝과 바지를 입은 채 바닷물에 들어갔다. 바다와 운명을 같이한 섬사람으로서 어릴 때부터 어른이 될 때까지 수영을 못한다는 것이, 처음에 나는 이해가 안 됐다.

일찍부터 물로부터 생명보존을 인식한 나는, 서울사대부고 수영

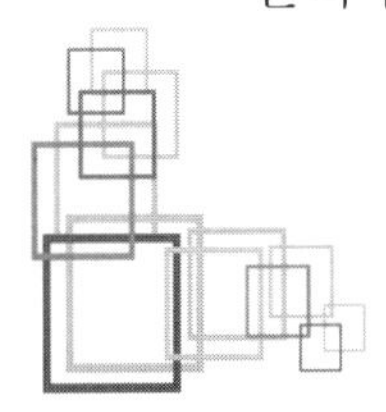
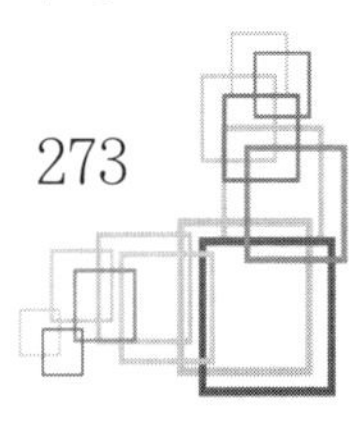

반에 들어 선수들 틈에서 수영을 익혔다. 그래서인지 몰라도 나는 깊은 바다에서 마음껏 수영을 하고 싶었다. 사항 포 포구에서 남학생이 물속 깊이 잠수하여 양쪽 손에 해삼을 움켜쥐고 나와 비닐봉지에 담아주고, 또 들어가 몇 번이나 해삼을 잡아 봉투 가득 담아주었다. 이것은 선생님들의 좋은 술안주 감이 되었었다.

나는 수영은 하였지만, 잠수는 못 했으며, 해삼은 한 마리도 잡을 수 없었다. 지금 생각해도 해삼 한 번 안 잡아 본 것이 많이 아쉽다. 포구에서 어선이 있는 데 까지 30미터쯤 수영을 했는데, 더운 여름날인데도 물이 얼마나 찬지, 꼭 얼음물처럼 차가워서 계속 수영을 할 수 없었던 기억이 난다. 나는 바다에서 조난을 당하면 물이 차가워 심장마비 등으로 살기 어려울 것 같은 생각이 들었다.

주변에 얕은 바닷물은 유리처럼 맑아 바닥이 다 들여다보이고, 좀 물이 고인 곳은 미역이 바위에 붙어 너풀거렸다. 미역을 뜯어 해변 바위에서 말려 한 자루씩 담아오곤 했던 기억이 난다.

특히 중화동에 있는 몽돌 해안은 오색빛깔의 동그란 콩알만 한 돌들로 해변에 펼쳐져 있는데, 오묘하게 빛이 반짝거린다. 세찬 파도와 바람에 깎여 억겁의 세월이 빚어낸 두무진의 자태는 진저리칠 정도로 찬연하다.

그 곁에는 선대 암, 코끼리 바위, 촛대 바위, 물범 바위, 창 바위 등이 바다 위에 신비롭게 떠있다. 어찌나 물이 맑은지 내 몸을 담그고, 이쪽 바위에서 저쪽 바위로 넘나들고 싶은 충동을 억누를 길이 없을 정도였다. 신선이 노는 듯한 착각을 할 그 맑은 물에서 수영을 못한 것이 지금도 못내 아쉽다. 새들도 이 바위, 저 바위로 창공을 가로질러 날아다니고, 물범 무리가 어우러져 한 폭의 그림으로 곱게 피어나기도 한다.

두무진 포구는 옛날엔 고기잡이배를 탔지만, 지금은 유람선을 타고 40여 분 동안 이 일대를 둘러볼 수 있다 한다. 감청 빛 바다와 파도와 바람이 오랜 세월 깎여 비밀스럽게 서 있는 기암괴석, 이 은밀한 곳 또한 자유롭게 살아가는 생명체들에겐 천국이다. 바닷가에서 파도와 만난 돌들이 글과 그림을 그려놓은 문양석, 그리고 태양이 그려진 태양석도 만날 수가 있다.

어느 날, 도시락을 싸서 귀한 난을 찾아다니는 '난 전문가'를 따라 나선 적이 있었다. 너무나 많은 난이 싱그럽게 잘 자라고 있었다. 그러나 그들이 찾는 난이 아니라며 한두 뿌리들만 채취하여 품평회를 하며, 감상을 했다.

나도 이름 모를 여러 종류의 난을 키우는 취미를 갖게 되었다. 하도 아름답고 향이 진동하여 혼자 보기에 아까워서 학생들과 같이 보려고 '난 화분'을 학교로 가져가다가, 공사장 콘크리트 위에 넘어져 가슴을 심하게 다쳐 육지에 나와 치료받은 적도 있었다. 나는, 내가 사는 관사 내방 책상 위에는 난 화분과 진귀한 형상이 새겨진 돌들로 진열하여 꾸미는 취미를 가졌다.

나는 여학생들에게도 수영을 가르쳐 주려 했으나 수영복 입는 것도 겸연쩍어하며 부끄러워했으므로 끝내 수영을 가르칠 엄두를 내지 못했다. 그래서 나는 용기 있고 활발한 젊은 어머니 몇 사람에게 수영을 가르쳤다.

그때에는 백령도 어디에도 수영하는 사람이라곤 찾아볼 수가 없었다. 사곶해변의 해면이 완만하고, 모래로 되어 있고 수심이 얕아 해수욕장으로는 안성맞춤이었다. 나는 이곳에서 물에 뜨는 것부터 시작하여 가르쳤다. 육지에 나와 지금 그들은 수영장을 다니며 얼마나 잘하는지 보여주고 싶다고 한다. 그곳이 오늘날 사곶해수욕장으로 실현되었으니, 개인적으로는 감개가 무량하다.

백령 중·고등학교에 다니는 남학생들은 건장하고 잘생겼으며, 여학생들도 깨끗한 자연에 물들어서인지 예쁘고 순수하며 해맑다. 나는 이 아름다운 섬에서 붓글씨 쓰기와 그림 그리기를 좋아했다. 나는, 그때 백령해변을 그린 그림을 지금 거실에 걸어놓고 이따금 추억에 젖는다.

예쁜 돌 만지며, 난향에 젖어 향수를 달랬던 일, 굴, 해삼, 성게, 실컷 먹고, 주낙으로 은색 꽁치를 몇백 마리씩 끌어 올려 소금 발라

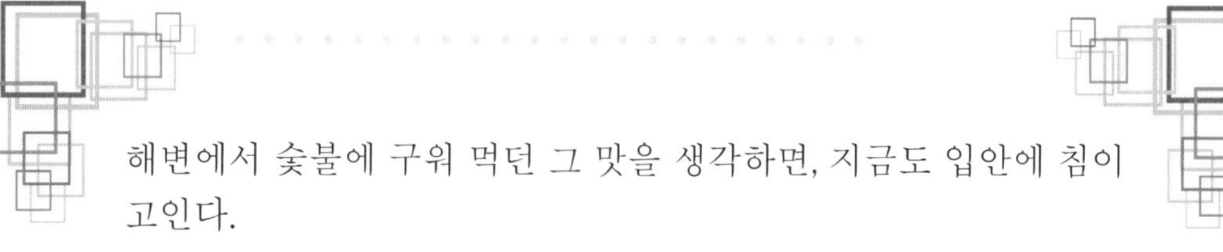

해변에서 숯불에 구워 먹던 그 맛을 생각하면, 지금도 입안에 침이 고인다.

긴 시간이 지나고 도시생활에 익숙해져 버린 요즘, 나는 백령도 사람들의 인심이 그립다. 보고 싶은 내 제자들도, 학부모님들도, 내가 기억하는 착한 사람들도 정말 그립다.

다시 가고 싶고, 보고 싶은 백령도, 누구나 한 번쯤 가보고 싶어 할 노스탤지어. 나에게 있어 그리움의 또 다른 이름은 바로 백령도다. ❦

노흥순 ································

이화여대. 인천대 교육행정 석사
한국수필 수필부문 신인상 수상
전)인천 신흥여중 교장
국제펜클럽 이사, 한국수필협회 회원
한국문인협회 회원

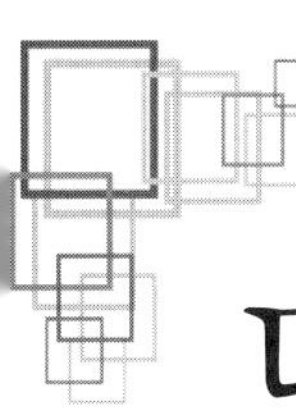
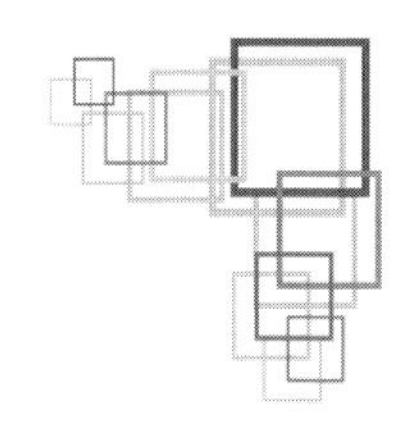

당신의 빈 자리

당산 이종열

만물이 소생하는 봄, 구급차는 사이렌 소리도 요란하게 울리며 소독 냄새가 코를 찌르는 휘경동 위생병원 중환자실로 들것 침대에 누워있는 아내를 흰 가운 입은 간호사가 밀고 들어갔다. 아내가 갑상선 수술을 하려는 것이다. 육중한 철문이 닫히고 수술중이라는 글자만이 적막을 깬다. 수술이 잘 되기를 기도하며 기다리는 몇 시간은, 산을 넘어 가시밭길을 헤치고 가는 것처럼 고통은 너무 길게만 느껴온다.

그동안 얽히고설키며 살아 온 날들이 엊그제 일처럼 주마등같이 스쳐 지나간다. 이 도령의 변함없는 사랑과 춘향이의 절개(節槪)로 본을 삼자며 남원 광한루로 신혼여행을 택하였던 초심에는 아직도 변함이 없건만, 우리 부부가 걸어 온 길은 오로지 오솔길뿐이었다.

'이종열'과 '성기희'라는 이름으로 이 세상에서 가장 소중한 인연으로 만나 꿈에 부푼 새 출발을 하였으나, 아름다웠던 꿈은 세월의 뒤안길로 멀어져만 가고 궁핍(窮乏)한 생활에도 억척스럽기만 한 아내의 알뜰함에 힘입어 우리는 큰 집도 마련 할 수가 있었다.

그러나 그 어려운 세월을 지내오면서 어떻게 살림살이를 꾸려가야 할는지 아내는 늘 걱정뿐이었다고 자주 말을 꺼내곤 하였다. 그런 말을 들을 때마다 내가 죄인처럼 힘들어 하면, 아내는 오히려 나에게 힘을 주고 건강만 하면 된다고 용기를 주었었다.

고즈넉한 들녘을 겨울에 비워두는 까닭은, 내년 봄에 씨를 뿌려 채워두기 위함이며, 물은 어디에서 흘러도 마지막에는 어느 강가

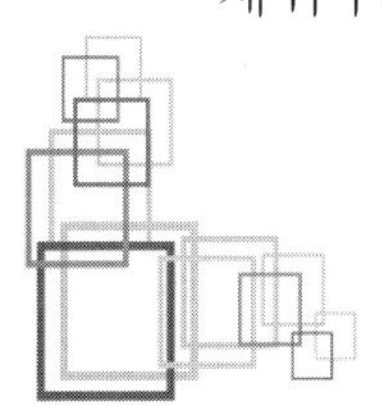

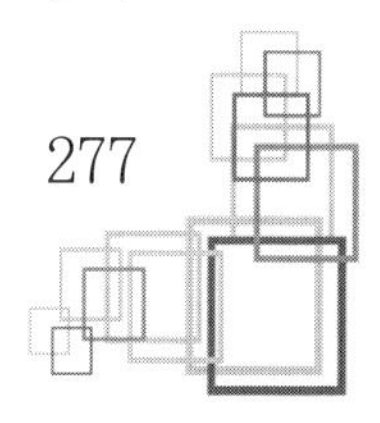

에서 만나 서로 화합하여 대양으로 흐르듯이, 우리 부부도 자연의 순리대로 행복의 땅을 일구며 소중한 물을 담아두는 둠벙처럼 여유롭게 살자며 언제나 서로를 다독거렸다.

가정을 위해 아내는 자신의 건강은 뒤돌아 볼 사이 없이 동분서주하는 사이에, 훈장처럼 주름과 흰머리만 늘어만 갔다. 그런데도 남의 일을 더 염려하는 성품은 큰 산울림이 되어 칭송을 받던 아내가 갑자기 갑상선이라는 진단을 받게 되니, 나는 서러움과 두려움 속에 남몰래 눈물을 많이 흘렸다. 아내가 병원에 있는 동안 나는 바금이가 난 쌀로 밥을 지어 먹었는데, 바금이가 꼭 까만 쌀을 섞어놓은 것과 같아 보여 밥을 지어 먹은 것이있다.

그 일로 인하여 아내의 빈자리가 더욱 크게 다가와 마음을 쓸쓸하게 하였다. 주인 없는 빈방은 가슴만 휑한데 문갑 위에는 화장품 대신 약봉지만 점점 늘어만 간다. 아내는 아직도 지독한 마취 속에서 수술이 끝나지 않았는지 기척이 없다.

다 닳은 몽당 빗자루처럼 한껏 피어나지도 못하고 생은 이렇듯 짧아져가는 것인가? 이런 때 나약한 인간은 하나님을 찾게 되는가보다. 그러나 내가 할 수 있는 일은 오로지 기도뿐이었다. 나의 간절한 기도를 하나님이 들으셨는지 수술은 잘 되어 수술실을 나와, 아내는 일반병실로 옮겨왔다. 안타까운 시선으로 아내를 내려다보니, 아내는 나의 손을 꼭 잡으며 “걱정 많이 했지요? 병원비는 걱정 말아요.” “내가 보험을 들어 놓은 게 있으니...” 한다. 그런 와중에도 내 걱정을 하는 아내를 생각하니 눈물이 나와 고개를 돌렸다.

아내는 긴 수술에 피곤하였는지 이내 잠이 들어 버린다. 나는 오랫동안 아내의 잠든 얼굴을 내려다보았다. 천사 같은 평온한 얼굴로 잠들어 있어서, 나는 안도하였다.

하루속히 완쾌되어 고통 속에서 헤어나 우리의 남은 꿈과 소망을 이루어가며 서로 사랑하며 아름다운 부부의 축복된 삶을 영위하

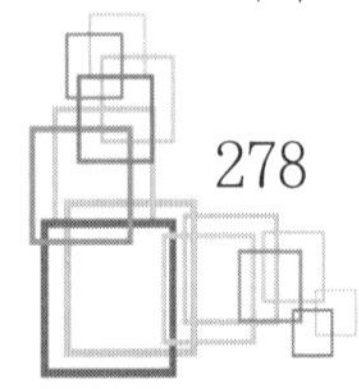
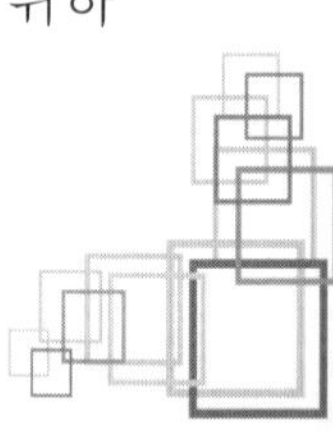

고 싶다. 아내가 아프다고만 하면 바위처럼 단단한 내 마음도 바람 앞에 등불처럼 나약해져서 철렁 내려앉는다. 나는 사랑스런 아내가 없는 세상에선 몇 달도 버티지 못하고 뒤따라 갈 것 같기 때문이다.

앞으로는 아내를 위해 지금까지 했던 것보다도 더욱 최선을 다하여 사랑하련다. 사랑한 날 보다 미워했던 날이 더 많았던 지난날들, 그 연륜 담아 오롯이 사랑하리라.

산골 촌로가 아내를 위해 추운 겨울날 아궁이에 장작불을 지피듯이….❦

이종열
호는 堂山, 충남 연기 출생, 서울 거주
국보문학 시 · 수필 부문 신인상 수상
기독교방송국 백전교 연출 종착점 성우 발표(1962)
청동문학회 공초 오상순 선생 감사패 받음(1978)
동대문 문학 제7집 작품 발표(황종찬 전 연세대 교수 천료)
남서울 중앙교회 회보에 '기도의 문' 외 다수 발표(2008)
시집-오리새끼는 날지 못한다(2007)

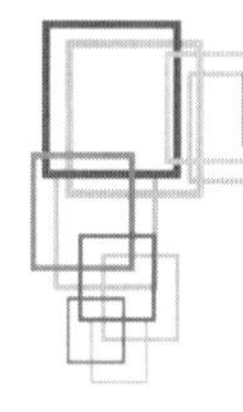
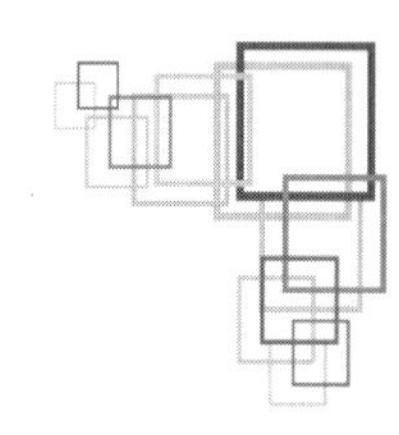

삶의 고동소리

임수홍

일요일 저녁, 사무실에서 하루 종일 형광등과 단 둘이 친구처럼 지내다 보니 이제는 서로가 지겨워지기 시작한다. 그런 틈을 타 갑자기 울리는 전화벨소리에 나는 반갑게 뛰어가 전화를 받는다. 받자마자 덜 떨어진 이상한 목소리로 녹음된 기계음이 들려온다. 오늘만 벌써 몇 번째다.

"고객님께서는 삼성카드로 롯데백화점에서 150만원을 결제하였습니다. 궁금하시면 ..."

신경질적으로 전화기를 꽝 놓았다. 애꿎은 전화기만 봉변을 당한다.

나는 삼성카드가 없다. 한때는 카드를 많이 가지고 있으면 명예처럼 생각하는 시절이 있어 굴비 엮듯 일곱 장까지 가지고 있었지만, 나중에는 포인트나 대출을 받는 데 유리한 카드 두 장만 남겨놓고 모두 가위로 잘라버렸었다. 그런데 이 '보이스 피싱' 목소리는 내가 삼성카드 고객으로 착각하여 전화를 걸었던 것이다.

간혹, 내방에서 있다 보면 분명히 전화가 와서 받는데도 강 대리는 전화를 받자마자 조용히 내려놓는다. 그러면 내 십 단쯤 되는 말초신경은 궁금해 참지를 못한다.

1. 애인한테 전화가 왔는데 대화하는 목소리를 내가 들을까봐 그냥 끊는다.

   왜냐하면 면접 때, 애인은 아직 없다고 나한테 말했으니까.
2. 친구들이 저녁에 술 한잔하자고 하는데, 당분간 야근을 해야해서 조용히 끊는다.
3. 그냥 받기 싫은 전화여서 끊는다. 등등

결국 궁금한 내가, 무슨 전화냐고 묻는다. 대답은 '보이스 피싱'이

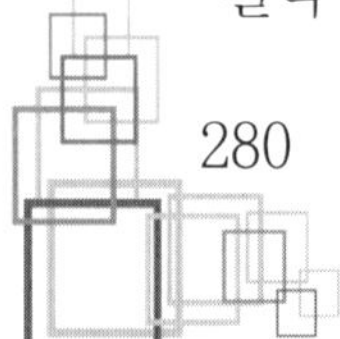

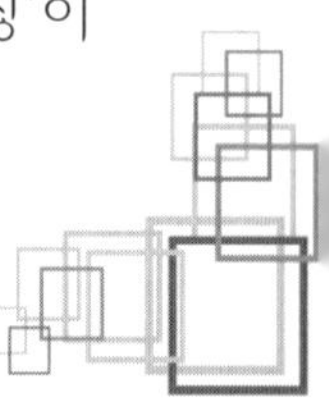

란다. 전화를 받자마자 내려놓는 모습을 보니 이미 이골이 난 상태 같다.

보이스 피싱이란, 전화를 통하여 개인정보를 취득하여 사기를 치는 행위라고 하는데 생각보다 많은 사람들이 피해를 봤다는 뉴스를 접하니, 마음이 영 편치 않다. 더구나 요즘은 정보화 시대다. 그렇다보니 개인의 정보가 여러 곳에서 노출이 되어, 개인 신상 정보에 갈증 난 사람들에게 전달되어 하루에도 몇 번씩 메시지가 뜨고, 쓸데없는 전화가 오기도 한다. 한가할 때야 그냥 심심풀이 땅콩으로 생각하겠지만, 중요한 상담을 하거나 바쁜 일을 하는 도중에 오면 여간 짜증스럽지 않다.

나는 기분을 풀려고 사무실 형광등에게 짜증을 부리기 시작하였다. 일요일이라 나하고 형광등 그리고 잔뜩 무거운 짐들을 지고도 무표정한 모습으로 자리를 잡고 있는 책상과 의자, 일주일에 한 번씩 화장실에서 목욕을 시키는 화분 몇 개, 사무실 아무데나 쌓여있는 헝클어진 책들이 전부다.

처음에는 심심해서 형광등 스위치를 껐다, 켰다를 하며 혼자놀이를 하였는데, 이제는 오늘처럼 감정이 골나면 스위치를 가지고 화풀이를 하곤 한다. 그러면서 바보처럼 실실 웃는다. 만물의 영장인 인간이 무생물인, 더구나 한자리에서 움직이지도 못하는 형광등과의 싸움에서 이겼다고 회심의 미소를 짓는 내가 한심하기는 해도, 죽어라 '일'하는 것 빼곤 특별한 취미도 없으니 어쩔 수가 없다.

사람은 '일'과 '휴식'을 병행해야만 한다고 말들 한다. 그러나 나처럼 유아적인 사고(思考)를 지닌 단순한 사람에게는 다른 나라 이야기처럼 들린다. 나는 일단 사무실을 벗어나면 견디지 못한다. 꼭 어린애가 부모나 형제 몰래 숨겨 논 알사탕을 누군가 찾아서 먼저 먹을 것 같은 불안감을 떨치지 못하는 것처럼, 그렇게 어디를 가도 좌불안석이다. 그러다 사무실 근처에 가까이 오면 평온한 호흡과 함께 마음이 안정된다.

내가 '워커홀릭'(일 중독증)이라는 사실을 알게 된 게 30대 중반이었다. 남에게 지기 싫어하는 성격에, 어린 시절부터 몸에 밴 1등주의가 스스로 나를 틀 안에 가두고, 지배하기 시작하였다. 그러다 보니, 인생을 살아가는데 만지며 느끼는 평범한 일상생활의 삶은 나에게서 사라져간다.

이제 내 나이 오십을 넘어 세 번째 징검다리를 건너가고 있다. 지나간 날처럼 근력도 부족하고, 배는 남산만하여 남들의 조롱을 당하는 형국인지라, 사무실을 벗어나 새로운 도전을 하려고 한다. 주변 지인들은 일단, 중년의 병의 근원인 뱃살부터 빼라고 조언한다. 그래서 아침에 일어나 수도하는 마음으로 108배 절을 하려고 한다. 그리고 회사 뒤편에 있는 일자산을 이틀에 한 번씩이라도 한 시간 동안 다니려 한다.

이번 결심으로 먼저 좁은 사무실에서 하루 종일 나쁜 공기를 마시는 일에서 벗어나, 나무들의 잔잔한 바람과의 산뜻한 대화도 엿볼 겸, 청결한 공기도 맘껏 호흡하여 심장도 튼튼하게 하고 싶다. 또한 산행을 하는 사람들과의 무언(無言)의 대화를 통하여 갈수록 힘들어져 가는 삶의 아픔도 함께 나누고 싶다.

내일부터 나에게는 또 다른 삶의 고동소리가 들려오리라 믿는다.❦

임수홍

시인 · 수필가
한국수필가협회 회원
한국문인협회 회원
국보문학 발행인
도서출판 국보 대표
한국국보문인협회 회장

|편집후기|

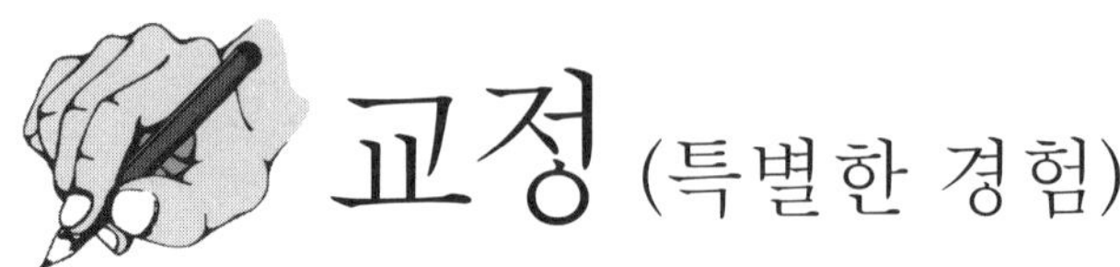

교정 (특별한 경험)

이름이 알려진 가수나 배우들의 인터뷰를 보면, "자고 났더니 스타가 되어 있더라."라는 이야기를 자주 듣는다. 스타가 되고 안 되고는 결국 하룻밤 차이란 말이다. 어제만 해도 길거리 활보하고 다녀도 아무도 알아주지 않다가 어느 날 갑자기 알아보는 사람이 많아지면 스타가 된 것이다.

이와 견주기에는 부족함이 많지만 자고 났더니 어느 날 편집국장이란 감투가 씌워져 있었다. 목에 힘이 없어 뻣뻣하게 쳐들고 자랑할 순 없었지만 갑자기 씌워진 편집국장이란 자리 말 그대로라면 편집업무를 총괄하는 막중한 자리인 것이다. '안 한다 할까, 못 한다 할까' 망설이는 동안 일은 일사천리 진행되어 머리 위에 번쩍이는 국장의 감투가 아기 도깨비처럼 올라앉았다.

'그래 기왕지사 쓴 감투인 걸 한번 해 보지 뭐'

오기 비슷한 게 생겨 편집국장이 뭐 하는 건지도 모르고 시작한 편집국장으로서의 문학회 생활, 동인 문집을 만들겠다는 방이 붙고, 잽싸게 글을 올려놓고 멋진 동인문집을 기다리며 고운 꿈에 부풀어 있을 회원들이 생기기 시작할 무렵 걱정거리가 생겼다. 편집국장이라면 편집업무를 관장해야 하는데. 글이라면 몇 줄 쓸 줄 알지만 문법이라면 저 먼 나라 이야기만 같아서 도무지 알 수가 없는데, 더 어려운 건 띄어쓰기, 같은 말인데도 경우에 따라서는 띄우고, 그렇지 않고 복잡하여 당최 알 수가 없는 어려운 것을 '내가 할 수 있을까, 자꾸만 자신감은 사라져 가고, 그렇다고 다른 누가 앞장서서 할 것 같지도 않고, 등단, 비 등단을 구분하지 않았기에 반드시 누군가 교정을 봐줘야 할 것 같은데, 어떡하나'하는 걱정이 가득이었다. 밤새 고민을 하다 내린 결론은 저지르고 보자는 생각이었다. 일단 시작하면 글을 올린 당사자나 국문학을 전공한 회원들이 도와주겠지 하는 믿음이 생겼다. 지름신이 내려 마음에 드는 물건이면 무조건 사고 보는 심정으로 미리 접수된 몇 편의 원고 교정을 보기 시작하였다. 교정이라야 직접 보는 것은 자신이 없어 인터넷 여기저기 검색하여 자동 교정 프로그램을 활용하는 것이었다. 몇 개의 교정 프로그램을 가져다 놓고 시험하였더니 문제가 발생하였다. 같은 문장인데, 교정프로그램마다 띄어쓰기 위치가 다른 것이었다. 큰일이었다. 도대체 어느 것이 맞는지 알 수 없으니, 몇 시간 고민하며 얻은 결론은 우리 글(한글)이니 한글 워드프로그램이 가장 정확하지 않겠는가 하는 나름의 믿음, 그래서 한글 프로그램에서 자동교정을 하고, 내가 아는 몇 개는 직접 수정을 하며 작업을 시작하였는데, 글의 편수가 점점 많아져 가면서 이것 또한 쉬운 일이 아님을 절실하게 느꼈다. 시는 몇 번씩 읽는다 하여도 그리 시간이 오래 걸릴 일은 아니지만 수필은 너무 많은 시간을 소비해야 했고, 그러고 나서도 완벽하게 교정되었다는 자신이 없어 불안 불안한 시간을 보내야 했다.

그런데 정작 큰 문제는 그게 아니었다. 처음 시작할 때의 예측이 일백팔십 도 빗나간 것이다. 각자 자신의 글 정도는 스스로 교정을 보려고 애쓸 것이다 생각했는데 나의 생각과는 달리 글을 접수하면 그 이후는 무관심 일변도였다. 선뜻 나서서 도와주는 사람도, 문집발행과 관련된 임원들조차도 댓글만 쓸 뿐 교정과는 완전히 남남이었다. 살며시 고개를 쳐드는 후회, 그냥 남들처럼 구경이나 하면서 댓글만 열심히 달면 될 텐데 괜히 나서서 고생한다는 생각이 불현듯 들기 시작했다. 그렇다고 시작한 것을 중간에 그만둘 수도 없고, 가끔 자신의 글에는 손대지 말라는 불신의 경고가 오기도 했고, 이것 참 할 일이 아니다 싶게 자꾸만 글은 쌓여만 가고, 이런 경우를 사면초가라 하는가. 오지랖 넓은 사람은 스스로 고생을 사서하고 돌아서면 남들에게 손가락질당하는 것을 여러 번 보아 왔다. 저 할 일만 잘하면 되는 것을 군대처럼 중간만 하면 되는데 괜히 나섰다는 후회가 가을날 논둑에 선 볏가리처럼 높아져 가던 날 구세주처럼 나타난 도움의 손길, 정말 세상에 그렇게 고마운 일이 또 있을까 싶었다. 엔지니어가 글을 쓴다는 것조차 사람들은 의아하게 생각하는데, 교정을 보겠다니 이 건 도를 넘어 젖먹이가 마라톤을 하겠다고 하는 것이나 다를 바 있겠는가. 아무 말 없이 차근차근 글을 읽으며 교정해야 할 부분을 댓글로 남겨주신 구세주, 정말 석 달 가뭄에 옹달샘을 만난 듯 가슴이 시원해지는 기쁨을 맛보았다.

글 쓰는 사람들은 누구나 자기 글에 대한 자긍심을 가지고 있다. 글 내용에 대한 지적뿐만 아니라 사소한 지적까지도 신경을 곤두세우고 내가 틀리지 않았다는 것을 말하고 싶어 한다. 가끔은 오자를 써서 자신이 말하고자 하는 의도를 역설적으로 표현하는 시인도 있었고, 띄어쓰기를 무시한 채 글을 쓰다가 일정 위치에 문장과는 관계없이 간격을 만들어서 자신이 글로 말하고자 하는 것을 강조한 시인도 있었다. 하지만 그것은 상대방의 마음을 정확하게 읽으면 아무런 문제가 될 수 없었다. 교정을 보는 사람이나 도와주는 사람이나 누구의 글의 잘 잘못을 가리자는 게 아니라, 책으로 인쇄되는 글은 한 번 인쇄되면 다시 고쳐 쓸 수도 없고 다시 교정을 볼 수도 없기에, 인쇄공정까지 가기 전에 한 번 더 살펴서 오·탈자를 줄이고, 맞춤법 띄어쓰기 등에 좀 더 정확을 기하여 품질 좋은 문집을 만들자는데 뜻이 있으므로, 그 마음을 알고 나면 오히려 협조하고 고맙다 인사를 해야겠기에 몇 번의 우여곡절을 겪으면서도 마침내 원고 접수도 마감되고 교정 작업도 원고접수 마감에 맞추어 종료될 수 있었다.

이런 일련의 과정을 겪으며 내가 알지 못하면 함부로 나서서는 안 되겠다 하는 생각을 수없이 하였다. 시작을 내가 하면 그 끝도

내가 책임질 수 있어야 하는데, 그 책임질 능력이 없이 '누군가 도와주겠지 스스로 알아서 도와주겠지'하였다가 크게 낭패를 볼 뻔한 경험이었다. 그래도 이번 문집 원고 모집과정에서는 많은 사람이 생각하지도 못했던 도움을 주어 가슴 뭉클한 고마움을 느끼며 마감할 수 있었다는 것에 감사한다. 조용히 뒤에서 거들어주신 많은 손 일일이 꼭 잡고 고맙다는 인사드리며 이제 편집실로 넘어갈 원고들 말쑥한 멋쟁이가 되어 밝은 세상으로 나오기를 간절한 마음으로 기원한다.

동인문집 편집국장 이기은

국보문학 동인 문집 제7호

내 마음의 숲

초판 인쇄일 2009년 4월 15일
초판 발행일 2009년 4월 18일

지은이 이기은 외 54명
펴낸이 임수홍
총괄 : 김용복
편집고문 : 양태영, 김수일, 이경우
발행추진위원장 : 김미옥
발행추진부위원장 : 권미소, 정선자
발행추진위원 : 권영이,전미야, 김옥순, 김인수
편집국장 : 이기은
편집부국장 : 이우창, 이경자
편집위원 : 조선미, 정다운, 김순선, 서동안

펴낸곳 도서출판 국보
편집디자인 강승혁
주소 서울시 강동구 길동 395-3, 2층
전화 02) 476 - 2757~8, 7260
FAX 02) 476 - 2759
카페 http://cafe.daum.net/lsh19577
E-mail kbmh11@hanmail.net

값 10,000원
ISBN - 978-89-93533-03-3